法律法规释义系列

重大行政决策程序暂行条例释义

主　编　熊选国
副主编　李明征

中国法制出版社
CHINA LEGAL PUBLISHING HOUSE

目　录

提升重大行政决策质量和效率必须依靠制度保障（导语）

2019年2月25日，中央全面依法治国委员会召开第二次会议，习近平总书记强调要把党的领导贯穿于重大行政决策全过程和各方面。2019年4月20日，李克强总理签署国务院令，公布《重大行政决策程序暂行条例》（以下简称《条例》），自2019年9月1日起施行。这一规范政府共同行为、促进法治政府建设的行政法规的出台，标志着我国重大行政决策法治化迈上新的台阶。

一、《条例》制定的主要背景和过程

党的十八大以来，党中央、国务院高度重视科学、民主、依法决策。党的十八届四中全会提出，健全依法决策机制，把公众参与、专家论证、风险评估、合法性审查、集体讨论决定确定为重大行政决策的法定程序。2015年12月，党中央、国务院印发《法治政府建设实施纲要（2015－2020年）》，提出了推进行政决策科学化、民主化、法治化的具体目标和措施。可以说，随着全面依法治国进程加快，党中央、国务院对健全科学、民主、依法决策机制的要求越来越高、越来越细、越来越严。

近年来，很多地方政府出台了规范重大行政决策程序的制度文件，科学、民主、依法决策水平在一定程度上得到提升。可以说，随着各地重大行政决策程序制度不断健全、实践不断丰富，政府工作人员特别是领导干部的科学、民主、依法决策意识、能力和水平稳步提高，对程序制度从抵触、规避向认同、接纳转变，通过决策过程的精细、扎实来提高决策质量，实现决策执行的平稳、顺畅渐成共识。与此同时，随着经济社会和信息技术的快速发展，广大人民群众的民主、法治意识不断增强，民主参与能力不断提高，表达诉求的途径和方式更加多样、顺畅和便捷。

但实践中，仍有不少问题需要进一步规范：一些地方行政决策尊重客观规律不够，听取群众意见不充分，违法决策、专断决策、应及时决策而久拖不决等问题较为突出；一些关系国计民生的重大项目因当地群众不了解、不理解、不支持而引发群体性事件，导致项目无法落地或者匆匆下马。这些问题严重损害政府公信力，有损营商环境，影响改革推进和经济社会发展。为进一步推进行政决策科学化、民主化、法治化，提高重大行政决策的质量和效率，有必要制定出台专门的行政法规。

自《条例》起草工作启动以来，多次召开立法座谈会、论证会，开展5项课题研究，赴东中西部共12个省、直辖市开展专题调研，请5个省级和8个市级政府结合本地情况预测草案可能产生的影响，坚持问题导向，注重管用可行，充分吸收地方成熟经验做法，形成了《重大行政决策程序暂行条例（征求意见稿）》，并于2014年1月、2016年6月、2017年6月先后三次送国务院有关部门、地方政府等100多家单位书面征求意见。经报国务院领导同志同意，于2017年6月向社会公开征求意见。在认真研究各方面反馈意见基础上，不断修改完善征求意见稿，形成《重大行政决策程序暂行条例（草案）》。《重大行政决策程序暂行条例（草案）》报经国务院同意后，于2019年2月25日经中央全面依法治国委员会第二次会议审议通过。

二、《条例》出台的重要意义

规范重大行政决策程序，是建设法治国家、法治政府的必然要求，是建设中国特色社会主义法治体系、推进国家治理体系和治理能力现代化的重要举措。作为推进依法行政、加强政府自身建设的一部行政立法，《条例》的出台实施具有重要意义。

第一，有助于加快推进法治政府建设进程。推进行政决策科学化、民主化、法治化是法治政府建设的主要任务之一。行政机关能否做到科学、民主、依法决策，体现着依法行政的水平，关系到能否正确履行政府职能。《条例》以规范重大行政决策的程序为重要抓手，能够推动行政机关适应新的决策理念、制度约束、工作要求，既对推进行政决策科学化、民主化、法治化起到“以点带面”的杠杆效应和牵引作用，又通过科学程序制度规范政府决策活动，提高政府公信力和执行力。这对深入推进依法行政，加快建设诚信高效的法治政府有着不可或缺的现实意义。

第二，有助于更好地维护改革发展稳定大局。重大行政决策往往对经济社会发展有重大影响，涉及重大公共利益或者社会公众切身利益，事关改革发展稳定大局。《条例》通过规范重大行政决策程序制度，通过公众参与、专家论证、风险评估等程序引导广大群众和社会各方面广泛有序参与政府决策、社会治理，不断提高人民群众依法管理国家事务、经济文化事务的能力，让重大行政决策的形成过程成为发扬民主、集思广益的过程，成为统一思想、凝聚共识的过程，不断提升重大行政决策的质量，增强政策的科学性、连续性、稳定性。这对优化营商环境，促进经济持续健康发展和维护社会稳定大局具有重要的积极意义。

第三，有助于强化行政权力制约和监督。行政权力是重要的国家权力，管理事务领域宽、自由裁量幅度大。行政决策是行政权力运行的起点，也是规范行政权力的重要环节。《条例》的出台实施，可以起到以制度促规范、以参与促公开、以流程促优化、以监督堵漏洞、以责任强担当的作用，让行政决策权在阳光下运行，让决策者科学依法行使权力，能让约束权力的“制度笼子”扎得更加牢固，这对权力行使者而言，既是约束，也是保护。

需要特别注意的是，有必要厘清一种误解，即认为履行决策程序必然影响决策效率。实际上，科学规范重大行政决策程序能够有效提高决策效率。习近平总书记在十八届中央全面深化改革领导小组第三十七次会议上指出："速度是效率，方法对头是效率，减少失误也是效率"。这是我们推进改革决策等重大决策的重要遵循，也告诉我们，效率不等于速度，效率有丰富的内涵和层次。行政决策特别是重大行政决策，事关改革发展稳定大局，违法决策、低水平决策不仅给国家和人民造成重大损失，也严重损害政府公信力。《条例》通过规范重大行政决策的程序来提高科学、民主、依法决策的水平，正是在保障方法对头和减少决策失误上下功夫，从而达到提高效率的效果。

三、《条例》起草遵循的总体思路

作为规范政府共同行为的一部行政法规，《条例》在起草过程中，遵循以下总体思路：

一是坚持党的领导。《条例》明确要求重大行政决策应当坚持和加强党的全面领导，全面贯彻党的路线方针政策和决策部署，发挥党的领导核心作用，把党的领导贯彻到重大行政决策全过程，要求重大行政决策出台前应当按照规定向同级党委请示报告。

坚持党的领导是《条例》明确的重大行政决策的根本性要求。党的十九大报告把坚持党对一切工作的领导确定为新时代坚持和发展中国特色社会主义的基本方略的第一条。我国《宪法》[1] 第一条开宗明义地规定，“中国共产党领导是中国特色社会主义最本质的特征”，以根本法的形式明确了中国共产党的领导地位。2018 年 8 月 24 日，中央全面依法治国委员会召开第一次会议，习近平总书记在会上发表重要讲话，系统论述了全面依法治国新理念新思想新战略，将其核心要义概括为“十个坚持”，其中第一个就是“坚持加强党对依法治国的领导”。

二是坚持科学、民主、依法决策原则。坚持科学、民主、依法决策是决策机制和程序的内核，贯穿于决策启动、形成决策草案、审议决定、决策执行与调整等决策全过程。

以民主决策原则为例——在决策启动前，明确人大代表、政协委员以及公民、法人或者其他组织可以提出决策事项建议。决策启动后，要求决策承办单位广泛深入开展调查研究、全面准确掌握有关信息；《条例》专设一节规定公众参与程序，要求采取便于公众参与的方式充分听取意见并对听取意见的程序和要求作出明确规定；

① 为便于阅读，本书中相关法律文件名称中的“中华人民共和国”字样都予以省略。

明确集体讨论决定为必经程序，要求政府常务会或者全体会议与会人员充分发表意见。在决策执行中，明确公民、法人或者其他组织可以对重大行政决策及其实施提出意见建议，要求决策后评估应当注重听取社会公众的意见，吸收人大代表、政协委员、人民团体、基层组织、社会组织参与评估，并把公民、法人或者其他组织提出较多意见作为开展决策后评估和调整决策的一种情形。可以说，民主决策原则贯穿于重大行政决策作出和调整的全过程。

三是坚持问题导向，注重制度设计与当前客观实际和法治政府建设进程相适应。对社会普遍期待、大多数行政机关有条件做到的，提出明确规范；对现阶段难以做到或者只有少数地方能做到的，鼓励有条件的地方探索实践、逐步推广；对需要“因地制宜”“因事制宜”的事项、程序，为各地方自主决策或者相关领域专门立法留有余地；对不影响决策质量的行政机关内部运转规则不作规定；对情况紧急等特殊情形作出相应制度性安排。

例如，关于重大行政决策适用事项范围，明确决策机关可以根据《条例》有关规定，结合职责权限和本地实际，确定决策事项目录、标准。再如，《条例》规定公开征求意见的期限一般不少于30日，同时，为情况紧急等特殊原因需要缩短期限的实际需要留足了制度空间。

四、《条例》规定的重要制度

《条例》分6章、共44条，对重大行政决策事项范围、重大行政决策的作出和调整程序、重大行政决策责任追究等方面作出了具体规定。第一章是总则，规定了《条例》的立法目的和依据，重大行政决策程序制度的适用主体、适用事项范围、原则性要求，以及监督考核评价等内容。第二章、第三章是关于重大行政决策作出程序的规定，重点制度是公众参与、专家论证、风险评估、合法性审查和集体讨论决定这五大法定程序，此外还规定了决策启动和决策公布程序。第四章对重大行政决策的执行和调整程序作了规定。第五章是关于重大行政决策法律责任的规定。第六章附则对参照适用的主体范围、制定具体制度的要求和施行日期作了规定。

（一）关于重大行政决策适用主体范围

1. 县级以上地方人民政府

根据《条例》第二条规定，县级以上地方人民政府是直接适用主体。县级以上地方人民政府承担着重要的行政管理职能，是推进本地区法治政府建设的主要承担者和责任主体。根据《宪法》和《地方各级人民代表大会和地方各级人民政府组织法》，县级以上地方各级人民政府承担着“管理本行政区域内的经济、教育、科学、文化、卫生、体育事业、环境和资源保护、城乡建设事业和财政、民政、公安、民族事务、司法行政、监察、计划生育等行政工作”的重要职责，是作出对本地经济社会发展有重大影响、涉及重大公共利益或者社会公众切身利益的重大行政决策的主体。

2. 县级以上政府部门和乡级人民政府

县级以上政府部门和乡级人民政府自身作出重大行政决策，根据《条例》第四十二条的规定，需要参照执行《条例》的规定。其中，按照《条例》第四十三条第二款的规定，国务院有关部门应当参照本条例规定，制定本部门重大行政决策程序的具体制度。

（二）关于重大行政决策适用事项范围

关于重大行政决策适用事项范围的规定主要体现在《条例》第三条。由于“重大行政决策”中的“重大”是一个难以统一量化的概念，各地区发展不平衡，各级政府决策的影响面和侧重点也各不相同，由国家立法统一确定重大行政决策事项的具体标准并不现实。《条例》按照突出针对性、具备可行性、保留灵活性、提高透明度的原则，围绕地方政府职能，重点针对实践中问题比较突出的领域，通过“列举+排除”来框定重大行政决策事项的范围，让决策机关结合职责权限和本地实际确定决策事项目录、标准。

1. 关于列举的事项

《条例》在明确适用主体的同时，列举了五类重大行政决策事项，包括四项明确列举和一项兜底条款。一是“制定有关公共服务、市场监管、社会管理、环境保护等方面的重大公共政策和措施”。这是根据党的十八届三中全会通过的《中共中央关于全面深化改革若干重大问题的决定》提出的“加强地方政府公共服务、市场监管、社会管理、环境保护等职责”，作出的概括性规定。二是“制定经济和社会发展等方面的重要规划”，包括编制或调整各类总体规划、重要的区域规划、专项规划和产业规划等。三是“制定开发利用、保护重要自然资源和文化资源的重大公共政策和措施”，体现了自然资源和文化资源的开发利用、保护传承的重要性。四是“决定在本行政区域实施的重大公共建设项目”，包括大型文教卫生体育设施场馆、垃圾和污水处理设施、地铁、车站、垃圾焚烧发电站等。五是“对经济社会发展有重大影响、涉及重大公共利益或者公众切身利益的重大事项”，这是兜底条款，同时明确了重大行政决策的主要特点，即它对经济社会发展有重大影响，涉及社会公众利益。这就意味着，行政机关内部的人事任免决策、人事奖惩等决策，不属于《条例》的调整范围。（第三条第一款）

2. 关于排除的事项

《条例》明确排除了 3 类事项。一是财政政策、货币政策等宏观调控决策。货币政策和财政政策是宏观调控的主要手段，属于中央事权，需要根据经济社会发展情况相机决策，决策过程具有高度保密性、时效性、权威性。二是政府立法决策。根据《立法法》，地方政府承担的立法职责包括提出地方性法规草案和制定地方政府规章。《立法法》和《规章制定程序条例》对政府立法程序已有专门、系统、详细的规定，无需适用《条例》规定。制定行政规范性文件不属于“政府立法决策”，如果符合重大行政决策的特征，应当适用《条例》规定。三是突发事件应急处置决策。突发事件应急处置工作已有《突发事件应对法》和《防震减灾法》《防洪法》《突发

公共卫生事件应急条例》等专门法律法规作出规定，不需要也不适宜适用《条例》规定的程序制度。（第三条第二款）

3. 关于制定重大行政决策事项目录、标准

《条例》规定，“决策机关可以根据本条第一款的规定，结合职责权限和本地实际，确定决策事项目录、标准，经同级党委同意后向社会公布，并根据实际情况调整”（第三条第三款）。这里的“目录”可以是年度目录，也可以是细化目录。其中，年度目录是当年重大行政决策具体事项的目录，具体明确、一目了然，不少地方包括山东的青岛市、济南市、临沂市等地已经出台了年度目录。细化目录可以反复适用，但往往需要结合“重大”的标准来判断。具体采用哪一种，由决策机关结合实际灵活把握。实践中，有的地方如广州市、合肥市、苏州市等地还出台了专门的重大行政决策目录管理办法，对目录编制的主体和程序、向社会公布的时限、目录动态调整机制、监督考核机制等方面作了详细规定。“经同级党委同意”并“向社会公布”是制定目录、标准的程序性要求，这是重大行政决策坚持党的领导的具体体现，也有助于防止决策机关在制定目录、标准上的随意性，

长远看有利于各决策机关在实践中逐渐凝聚共识，以点带面推进科学、民主、依法决策。

（三）关于重大行政决策五大法定程序

党的十八届四中全会通过的《中共中央关于全面推进依法治国若干重大问题的决定》要求，把公众参与、专家论证、风险评估、合法性审查和集体讨论决定确定为重大行政决策法定程序。这五大法定程序是规范重大行政决策最为关键的程序制度，也是《条例》的主要内容。对于“法定程序”的理解，需要注意两点：第一，法定程序不等于必经程序。如果程序过于死板僵化、不考虑各地方、各部门依法行政的实际，结果往往是形式化、“走过场”。为此，《条例》将合法性审查、集体讨论决定作为必经程序的同时，坚持从实际出发，在重大行政决策草案的形成过程中体现了公众参与、专家论证和风险评估程序的有关要求，即除依法不予公开的外，应当充分听取公众意见；专业性、技术性较强的决策事项应当组织专家论证；决策实施可能对社会稳定、公共安全等方面造成不利影响的，应当组织风险评估。第二，五大程序不是完全僵化的流程。公众参与、专家论证、风险评估属于决策草案形成阶段的程序，三者之间没有固定的先后顺序，决策承办单位等可以根据决策事项特点和实际需要把握，有的程序还可以多次反复履行。决策草案形成后，需要依次履行合法性审查和集体讨论决定这两个程序。如果在合法性审查中发现应履行而未履行公众参与、专家论证和风险评估程序的，负责合法性审查的部门可以在审查意见中建议决策承办单位补充履行相关程序。集体讨论决定是五大程序中的最后一个程序，当然也不排除会议集体讨论时，要求重新履行或者补充履行有关程序。

1. 公众参与

公众参与程序直接体现了民主决策的要求。虽然一些地方的重大行政决策程序制度普遍规定了公众参与程序，但是公众参与的实际履行效果认可度还比较低。有的部门在决策过程中过于被动，在该发声的时候沉默、该回应的时候回避，错失增进互动、凝聚共识的良机，埋下社会稳定隐患，导致决策“决而难行”。由于缺乏必要的互动交流和信息支持，以及长期存在的“走过场”等问题，社会公众参与决策的积极性较低，甚至出现听证会无人报名的冷场现象。为增强公众参与实效，《条例》第二章专设一节，作出了以下规定：

一是在听取意见的方式和对象上，规定可以采取座谈会、听证会、实地走访、书面征求意见、向社会公开征求意见、问卷调查、民意调查等多种方式。同时，对涉及特定群体利益的决策事项，要求决策承办单位与相关人民团体、社会组织以及群众代表进行沟通协商，充分听取相关群体的意见建议。在采取何种方式听取公众意见方面，《条例》坚持适度把握制度刚性和灵活性，在提出“应当采取便于社会公众参与的方式充分听取意见”这一原则性要求的同时，对什么情况下必须采取哪种方式听取意见未作明确限定，而是由决策承办单位根据决策事项的影响面、公众对决策事项的关注度等情况灵活把握，而且这些方式不是互相排斥的、只能择其一的，而是可以采取多种方式、多次听取意见。（第十四条）

二是在具体的程序要求上，对向社会公开征求意见和召开听证会这两种方式的程序要求作出具体规定，如要求公布决策草案及其说明等材料，要求明确提出意见的方式和征求意见的期限或者听证时间、地点等信息。

三是在公众意见的研究处理上，规定决策承办单位应当对社会各方面提出的意见进行归纳整理、研究论证，

充分采纳合理意见，完善决策草案。（第十八条）

2. 专家论证

专家论证是实现科学决策的重要途径。从各地方反映的情况看，由于专家论证参与人员少、风险容易控制，对专业性、技术性较强的事项进行专家论证已成普遍做法。但实践中专家论证的公信力受质疑、有的地方专家资源匮乏等问题也制约了专家论证的有效开展。《条例》在第二章专设“专家论证”一节，围绕切实提高专家论证质量，避免专家论证走过场、形式化，作了以下规定：

一是明确专家论证的事项范围。规定专业性、技术性较强的事项应当进行专家论证，并要求为专家开展论证提供必要保障。（第十九条第一款）“提供必要保障”，包括保证必要的论证时间、提供必需的背景情况等，这一规定也是为了防止专家论证走过场。

二是明确专家论证的基本要求。规定专家、专业机构应当独立开展论证工作，客观、公正、科学地提出论证意见；提供书面论证意见的，应当署名、盖章。（第十九条第二款）

三是明确选择专家的标准。规定选择专家、专业机构应当坚持专业性、代表性和中立性，注重选择持不同

意见的专家、专业机构，不得选择与决策事项有直接利害关系的专家、专业机构。（第二十条）

四是健全专家队伍管理机制。规定省级政府应当建立决策咨询论证专家库，规范专家库运行管理，健全专家诚信考核和退出机制。（第二十一条）关于专家库的规定，主要有两个方面考虑：一是为了“方便找到专家”。行政决策面宽事广，涉及的专业性、技术性问题很多，遇事“现抓”专家往往会“抓瞎”。通过建立常备的专家库，在辖区一定范围内共享运行，可以培育专家队伍、储备各类专家资源。二是为了“找到好的专家”。规范专家库运行管理，健全专家诚信考核和退出机制，有助于充分吸纳各领域各专业的权威、诚信的专家和专业机构入库，进而提高专家论证的质量。当然，选择专家可以不局限于专家库，决策承办单位可以根据实践需要，选择专家库之外符合条件的专家。

3. 风险评估

风险评估是防范决策风险、减少决策失误的重要环节，对于维护改革发展稳定大局至关重要。实践中，风险评估的实际效果比较差。有的地方未把风险评估作为独立的程序，而是用“可行性论证”“合法性审查”来代替风险评估；有的风险评估没有进行实质性的调查和评估工作。各地反映，评估机构不专业、不中立，评估人才比较匮乏，评估机制不够完善等问题严重制约了风险评估工作的有效推进。

为切实发挥风险评估的作用，也考虑到当前风险评估基础比较薄弱，《条例》明确重大行政决策的实施可能对社会稳定、公共安全等方面造成不利影响的，决策承办单位或者负责风险评估工作的其他单位应当组织评估决策草案的风险可控性（第二十二条），并从以下三个方面对风险评估程序进行规范：一是在风险评估的方式方法上，要求运用多种方式、科学方法，充分听取有关部门意见，对决策实施的风险进行科学预测、综合研判。同时，针对实践中风险评估力量比较薄弱等问题，规定开展风险评估可以委托专业机构、社会组织等第三方进行。（第二十三条第一款、第三款）二是在风险评估的成果形式上，要求开展风险评估应当形成风险评估报告，明确风险点，提出风险防范措施和处置预案。（第二十三条第二款）三是在风险评估结果运用上，要求把风险评估的结果作为重大行政决策的重要依据。决策机关认为风险可控的，可以作出决策；认为风险不可控的，在采

取调整决策草案等措施确保风险可控后，可以作出决策。(第二十四条)

上述规定背后是有所考虑的。例如，关于应当进行评估的风险范围，《条例》之所以明确对社会稳定和公共安全方面的风险评估提出要求，是因为这两类风险是比较容易出问题、各方关注度较高的风险种类。而生态环境影响方面的风险虽然实践中也比较普遍，但是《环境影响评价法》《规划环境影响评价条例》《建设项目环境保护管理条例》等法律法规已对环境影响评价作了明确规定，环保督察也在强力推进，《条例》就不再重复规定。当然，《条例》并没有将风险评估仅限于社会稳定和公共安全两方面，而是将评估范围规定为“社会稳定、公共安全等方面”，各地各部门可以结合实际需要，对其他类型的风险开展评估。

4. 合法性审查

合法性审查是行政机关依法决策的重要保障，也是重大行政决策法治化的关键环节。随着依法行政的深入推进，各地方各部门都比较重视合法性审查，但从调研情况看，问题也比较突出：一是审查力量有短板、难深入。一方面，合法性审查任务日益繁重但审查力量没有相应提升，且越往基层力量越薄弱；另一方面，有的决策事项本身涉及较复杂的专业知识，审查人员不具备相当专业背景，短时间内审查难以深入开展。二是合法性审查时间和材料不充分、难提效。有的地方反映，有的紧急件审查只预留了2小时，审查只能“走过场”；报送审查的材料中没有事项背景、决策依据、论证情况等，难以有效开展审查。三是审查过程受干扰、难硬气。有些事项被定了调，审查中面临种种干预，审查结果只能“开路条”，不让“设关卡”。四是审查事项存在制度空白、难定性。有的重大决策涉及的法律问题比较复杂，或者带有改革探索性质，无法通过简单对比法律条文来得出是否合法的结论，只能通过体会法律精神来分析存在的法律风险，难以给出是否合法的明确结论。五是审查工作责任大、难作为。有的地方反映，当地合法性审查部门曾因出具合法意见被处分，而决策具体承办单位的工作人员却安然无恙。由于工作压力大、责任重，审查单位出现了“招人难”“留人难”问题。

《中共中央关于全面推进依法治国若干重大问题的决定》提出，“建立行政机关内部重大决策合法性审查机制，未经合法性审查或经审查不合法的，不得提交讨论”。按照这一要求，针对实践中存在的审查过程受干扰、审查时间和材料不充分、审查力量薄弱等问题，《条例》第三章专设“合法性审查”一节，作了以下规定：

一是明确合法性审查为必经程序。《条例》规定，决策草案未经合法性审查或者经审查不合法的，不得提交决策机关讨论；对国家尚无明确规定的探索性改革决策事项，可以明示法律风险，提交决策机关讨论。（第二十五条第二款）关于探索性改革决策事项的规定是结合当前改革实际需要作出的特别规定。党的十八大以来，习近平总书记多次强调，要坚持“三个区分开来”，为容错机制划定了总原则，其中就包括“把上级尚无明确限制的探索性试验中的失误和错误，同上级明令禁止后依然我行我素的违法违纪行为区分开来”。2018 年，中办印发《关于进一步激励广大干部新时代新担当新作为的意见》，其中关于“建立健全容错纠错机制”的规定体现了这一要求。考虑到有的探索性改革决策事项合法与否难以定性这一实际，《条例》对探索性改革决策事项的合法性审查作出特殊规定，既适应当前全面深化改革实践中的现实需要，也是从制度上健全容错机制、激励干事创业的具体体现。

二是明确送请合法性审查的材料和审查时限。《条例》规定，送请审查应当提供决策草案及相关材料，包括有关法律、法规、规章等依据和履行决策法定程序的说明等；提供材料不符合要求的，可以退回或者要求补充；送请合法性审查应当保证必要的审查时间，一般不得少于7个工作日。（第二十六条）其中，送审材料中的“有关法律、法规、规章等依据”与《条例》第十二条第二款规定的“决策承办单位应当全面梳理与决策事项有关的法律、法规、规章和政策，使决策草案合法合规、与有关政策相衔接”是相呼应的，旨在让承办单位承担起对决策草案进行合法性论证或初审的职责，既通过合法性关卡前移助推从源头上提高决策质量，也发挥决策承办单位专业优势，为合法性审查提供一定的支持。另外，考虑到公众参与、专家论证、风险评估不是必经程序，为避免在是否履行程序上过于随意，《条例》要求送审材料应当包括“履行决策法定程序的说明”。

三是明确合法性审查内容。它包括三个方面，即“决策事项是否符合法定权限”“决策草案的形成是否履行相关法定程序”“决策草案内容是否符合有关法律、法规、规章和国家政策的规定”。（第二十七条）这里需要说明的是，《条例》重在规范重大行政决策的程序，不涉及权限的划分，“决策事项是否符合法定权限”需要按照《宪法》《地方各级人民代表大会和地方各级人民政府组织法》以及相关专门法律、法规等的规定来作出判断。

四是明确了合法性审查意见的有关要求。根据《条例》规定，负责合法性审查的部门应当及时提出合法性审查意见并对意见负责，决策承办单位根据意见进行必要调整或者补充。这是对审查过程受干扰、把关难等问题开出的双向“药方”。对于负责合法性审查的部门，要求其对合法性审查意见担负责任，在审查过程中组织法律顾问、公职律师提出法律意见，一方面强化其责任意识、促使“变压力为动力”，另一方面通过组织法律顾问、公职律师为审查工作提供智力支撑，进而增强合法性审查部门抗干扰的动力和能力。对于决策承办单位，要求其根据合法性审查意见，对决策草案进行必要调整或者完善，解决实践中有的决策承办部门轻视、忽视合法性审查等问题。同时，明确决策承办单位根据合法性审查意见进行必要调整或者完善，也是对“经审查不合法的，不得提交决策机关讨论”的补充规定。按照这一规定，当经审查发现不合法时，不意味着决策程序就完全停止、夭折，而是暂时不能提交决策机关讨论。我们可以把这种情形理解为交通信号灯“亮起了红灯”。这种情况下，决策承办单位有义务根据合法性审查意见调整草案内容，或者补充履行程序等，当决策承办单位根据合法性审查意见调整、完善决策草案后，“红灯”可以变“绿灯”，仍然可以提交决策机关讨论。

5. 集体讨论决定

集体讨论决定是科学民主决策的重要体现。对重大行政决策实行集体讨论决定，有利于发挥决策机关领导班子的集体智慧，对加强领导班子内部民主监督也具有重要作用。实践中，重大决策作出前由领导班子进行集体讨论，已成为行政机关的普遍做法。但在具体的执行过程中，还存在一些问题，比如进行集体讨论的会议形式不够规范，普遍采取各种专题会议、办公会议等形式；集体讨论“短平快”“走过场”，会议讨论过程中“一言堂”现象较多，除行政首长和分管负责人外，其他组成人员发表意见不够充分；有的地方把集体讨论当作事后推卸责任的“挡箭牌”。针对这些情况，《条例》从以下方面进行规范：

一是严格规范会议形式，规定“决策草案应当经决策机关常务会议或者全体会议讨论”。二是要求会议讨论充分发扬民主，规定“讨论决策草案，会议组成人员应当充分发表意见，行政首长最后发表意见”。三是强调会议记录制度，规定“集体讨论情况应当如实记录，不同意见应当如实载明”。同时，法律责任一章中作出相应规定，即《条例》第三十八条第三款规定，“决策机关集体讨论决策草案时，有关人员对严重失误的决策表示不同意见的，按照规定减免责任”。

《条例》起草中，需要明确一个问题，就是集体讨论决定是否等同于表决制，即少数服从多数，行政首长能不能作出跟多数人意见不一致的决定。《条例》对此规定，决策机关行政首长在集体讨论的基础上作出决定，行政首长拟作出与会议组成人员多数人的意见不一致的决定时，应当在会上说明理由。也就是说，集体讨论决定不是集体来决定，而是集体讨论与行政首长决定相结合，在集体讨论的基础上，由决策机关的行政首长最终决策。作此规定，主要基于以下考虑：一是基于宪法法律的有关规定。根据我国宪法规定，国家机构实行民主集中制原则，行政机关实行行政首长负责制。那么，重大行政决策集体讨论决定程序必须既体现民主集中制原则，也要符合行政首长负责制的要求。决策草案必须经会议集体讨论，与会人员充分发表意见，这是发扬民主的体现。通过集体讨论让行政首长更好地了解情况、集思广益，最终还由行政首长作出决定并对决策负责，体现了行政首长负责制的要求。二是中央文件已有明确规定。党中央、国务院印发的《法治政府建设实施纲要(2015－2020年)》明确规定“重大行政决策应当经政府常务会议或者全体会议、部门领导班子会议讨论，由行政首长在集体讨论基础上作出决定。行政首长拟作出的决定与会议组成人员多数人的意见不一致时，应当在会上说明理由”。三是基于地方实践基础。地方重大行政决策程序制度普遍规定，由行政首长在集体讨论基础上作出决定或者充分听取意见后作出决定。

（四）关于决策执行和调整

决策执行和调整是重大行政决策完整生命周期的重要组成部分。《法治政府建设实施纲要（2015－2020年)》明确提出，“决策机关应当跟踪决策执行情况和实施效果，根据实际需要进行重大行政决策后评估”。

针对实践中存在的“重决策、轻执行”“新官不理旧账”“朝令夕改”等问题，《条例》专设一章对决策执行和调整作出规定，共4条，分别规定了决策执行单位的职责、决策执行中的问题反馈机制、决策后评估和决策后调整等内容。包括要求决策执行单位“依法全面、及时、正确执行重大行政决策”，以及向决策机关报告“决策执行情况”和执行中出现的问题等；明确公民、法人或者其他组织可以对决策实施提出意见建议；规定“依法作出的重大行政决策，未经法定程序不得随意变更或者停止执行”，“需要作出重大调整的，应当依照本条例履行相关法定程序”，“情况紧急的，决策机关行政首长可以先决定中止执行”。

决策后评估是决策执行阶段的一项重要机制，决策后评估的结果是对决策进行调整的重要依据。针对实践中开展决策后评估主动性不强、社会公众评价缺位、评估针对性不强等问题，《条例》将决策后评估定位为发现问题、调整决策、提升决策效果的重要机制，而不是判定决策失误、明确决策责任的依据，在具体制度设计上注重针对性和适度弹性：一是明确定位，增强开展决策后评估的积极性。规定可以组织决策后评估的3种情形，即“重大行政决策实施后明显未达到预期效果”“公民、法人或者其他组织提出较多意见”“决策机关认为有必要”，旨在鼓励决策机关主动开展评估，培养决策机关主动开展评估的内生动力，在实践中逐渐建立健全后评估机制。二是注重引入外部力量参与决策后评估，以提高评估结果的客观性和公信力。三是在决策结果运用上，明确要求将后评估结果作为调整决策的重要依据。

第一章 总 则

总则是一部成文法律中具有统领性、总括性的组成部分，是成文法律中具有指导性、全局性内容的集中体现，一般包括立法目的、立法依据、原则、适用范围等方面。本章作为《条例》的总则，共9条，规定了《条例》的立法目的和依据，重大行政决策程序制度的适用主体、适用事项范围、原则性要求，以及监督考核评价等内容。

第一条 为了健全科学、民主、依法决策机制，规范重大行政决策程序，提高决策质量和效率，明确决策责任，根据宪法、地方各级人民代表大会和地方各级人民政府组织法等规定，制定本条例。

释 义

本条是关于《条例》的立法目的和立法依据的规定。

一、立法目的

立法目的即立法宗旨，在法律法规中开宗明义地规定立法目的是我国立法的惯例。党的十八届四中全会通过的《中共中央关于全面推进依法治国若干重大问题的决定》明确提出，“健全依法决策机制。把公众参与、专家论证、风险评估、合法性审查、集体讨论决定确定为重大行政决策法定程序，确保决策制度科学、程序正当、过程公开、责任明确。”《条例》严格贯彻党中央决策部署，将“健全科学、民主、依法决策机制，规范重大行政决策程序，提高决策质量和效率，明确决策责任”作为立法目的，具体可以从以下方面进行理解：

一是健全科学、民主、依法决策机制。科学决策、民主决策、依法决策已成为我国从中央政府到地方政府高度重视的依法行政、建设法治政府的主要目标之一，同时这三者又是密不可分的，只有在决策民主化和合法化的基础上，才有可能实现决策的科学性和高效性，将决策的可接受性最大化。

二是规范重大行政决策程序。为什么以重大行政决策程序制度建设为抓手？最理想的目标，当然是所有的行政决策活动都受到同等关注、加以同等规范、得到同步提升。考虑到重大行政决策要么关系经济社会发展全局，要么在一定行政区域、一个行业范围内具有重大影响，把完善重大行政决策程序制度作为健全依法决策机制的重要抓手，能够发挥杠杆和牵引作用。制定实施新的重大行政决策程序制度，能够让行政机关适应新的决策理念、制度约束、工作要求，再以点带面、以“重大”带“一般”，逐步扩大新制度的适用范围，直至将整个行政决策活动都转移到新模式、切换到新轨道上来。

三是提高决策质量和效率，明确决策责任。有一种观点认为，履行程序必然影响效率，这种观点是片面的、错误的。实际上，科学规范重大行政决策程序能够有效提高决策效率。这一认识是基于对效率内涵的全面理解和长远把握，要求程序制度进行合理设计：

第一，全面理解“效率”的内涵。习近平总书记在十八届中央全面深化改革领导小组第三十七次会议上指出：“速度是效率，方法对头是效率，减少失误也是效率”。行政决策特别是重大行政决策，事关改革发展稳定大局，违法决策、低水平决策给国家和人民造成重大损失，也严重损害政府公信力。《条例》通过规范重大行政决策的程序来提高科学民主依法决策的水平，正是在保障方法对头和减少决策失误上下功夫，从而达到提高效率的效果。

第二，从整体和长远角度考量“效率”。就某一个具体的重大行政决策来看，履行《条例》规定的程序确实可能延长作出该决策的周期。但是，从整体和长远来看，一方面，通过规范程序有助于提高这一决策的质量，减少失误、降低风险，让该决策在执行阶段更加顺畅、高效，进而从整体上提高该决策的效率；另一方面，通过规范程序来减少行政决策“朝令夕改”“决而难行”等问题，可以从长远上提高政府公信力和执行力，便于政府全面正确履行职能、为人民群众提供优质高效服务、促进经济社会持续健康发展。

二、立法依据

关于行政决策，我国宪法和相关法律已经存在相关规定，如我国《宪法》第八十九条规定，国务院行使下列职权：（一）根据宪法和法律，规定行政措施，制定行政法规，发布决定和命令；……（四）统一领导全国地方各级国家行政机关的工作，规定中央和省、自治区、直辖市的国家行政机关的职权的具体划分……。我国地方各级人民代表大会和地方各级人民政府组织法也明确了地方各级人大与政府之间的关系和地方政府的职责。

本条例从性质上看属于行政立法，我国宪法和相关法律的规定为本条例的制定提供了宪法和上位法的依据，同时，在本条例的制定过程中，也严格遵守我国宪法和相关法律的规定，确保条例内容与宪法和相关上位法的规定一致，做到法制统一。

第二条 **县级以上地方人民政府（以下称决策机关）重大行政决策的作出和调整程序，适用本条例。**

释 义

本条是关于《条例》适用主体范围的规定，同时也明确了《条例》所规范的重大行政决策程序包括作出和调整程序。

一、关于适用主体范围

根据《宪法》和《地方各级人民代表大会和地方各级人民政府组织法》，县级以上地方各级人民政府承担着“管理本行政区域内的经济、教育、科学、文化、卫生、体育事业、环境和资源保护、城乡建设事业和财政、民政、公安、民族事务、司法行政、监察、计划生育等行政工作”的重要职责，是作出对本地经济社会发展有重大影响、涉及重大公共利益或者社会公众切身利益的重大行政决策的主体。近年来，在党中央、国务院的高度重视下，地方各级人民政府不断推进法治政府建设，科学民主依法决策水平整体上有了明显提升。但是，一些地方的重大行政决策仍然存在听取群众意见不充分、把握客观规律不到位、遵守法律法规不严格等问题，影响社会公众的合法权益，影响政府权威和公信力。因此，《条例》将县级以上地方人民政府作为适用主体予以重点规范，要求各级人民政府，设区的市级人民政府，县级人民政府贯彻执行《条例》。地方各级人民政府的职能部门在本级政府重大行政决策过程中承担着拟订重大行政决策草案、进行合法性审查等职责，需要遵循《条例》的具体规定。需要注意的是，《条例》在第六章“附则”第四十二条明确规定，县级以上政府部门和乡级人民政府重大行政决策的作出和调整程序，参照本条例规定执行。这意味着县级以上政府部门和乡级人民政府的重大行政决策程序也要参照执行《条例》规定。

二、关于重大行政决策的作出和调整程序

规范重大行政决策的作出程序是提高决策质量和效

率的关键。从调研情况看，各地普遍反映，在决策过程中广泛听取意见、充分评估论证，既有助于完善决策方案、提高决策质量，又能增强社会认同度、保证决策顺利执行。但是，行政决策程序制度及其执行方面还存在一些问题：一是制度刚性约束不够。不少规定局限于决策机关的自我约束，特别是内部文件权威性不高、强制力不够，执行“打折扣”。二是程序履行情况参差不齐。在五大法定程序中，合法性审查和集体讨论决定执行比较好，公众参与、专家论证、风险评估执行情况不够理想。有地方反映，除非法律、行政法规有明确规定，否则实践中一般从简便宜行事。三是“走过场”问题突出。有的地方虽然履行了行政决策程序，但受人力、经费、时间等因素影响，“走过场”比较普遍。针对上述情况，《条例》将规范重大行政决策作出程序作为重点，在第二章、第三章中对作出重大行政决策的具体程序作明确规定。其中，公众参与、专家论证、风险评估、合法性审查和集体讨论决定是重大行政决策的法定程序，也是规范重大行政决策最为关键的程序制度。

决策作出后，需要组织力量执行决策，否则决策就没有意义。而在决策执行过程中，由于内外部环境的变化或者决策本身的局限性，需要决策机关根据决策执行效果、客观条件变化对决策方案的补充、调整和完善。2004年国务院印发的《全面推进依法行政实施纲要》明确规定，“行政机关应当确定机构和人员，定期对决策的执行情况进行跟踪与反馈，并适时调整和完善有关决策”。可以说，决策执行和调整是重大行政决策完整生命周期的重要组成部分。针对实践中存在的决策作出后“朝令夕改”“决而难行”“新官不理旧账”等问题，《条例》第四章对重大行政决策执行过程中的调整程序作出规定。其中，第三十七条明确规定，依法作出的重大行政决策，未经法定程序不得随意变更或者停止执行；需要作出重大调整的，应当依照本条例履行相关法定程序。同时，为符合现实需要，针对因重大行政决策存在问题、客观情况发生重大变化，或者决策执行中发生不可抗力等严重影响决策目标实现、情况紧急的，决策机关行政首长可先决定中止执行。

第三条 本条例所称重大行政决策事项（以下简称决策事项）包括：

（一）制定有关公共服务、市场监管、社会管理、环境保护等方面的重大公共政策和措施；

（二）制定经济和社会发展等方面的重要规划；

（三）制定开发利用、保护重要自然资源和文化资源的重大公共政策和措施；

（四）决定在本行政区域实施的重大公共建设项目；

（五）决定对经济社会发展有重大影响、涉及重大公共利益或者社会公众切身利益的其他重大事项。

法律、行政法规对本条第一款规定事项的决策程序另有规定的，依照其规定。财政政策、货币政策等宏观调控决策，政府立法决策以及突发事件应急处置决策不适用本条例。

决策机关可以根据本条第一款的规定，结合职责权限和本地实际，确定决策事项目录、标准，经同级党委同意后向社会公布，并根据实际情况调整。

释 义

本条是关于重大行政决策事项范围的规定。本条分三款，第一款明确了列举的事项，第二款明确了与现有法律、行政法规的适用关系和排除的事项，第三款是关于决策机关制定决策事项目录、标准的规定。

由于“重大行政决策”中的“重大”是一个难以统一量化的概念，各地区发展不平衡，各级政府决策的影响面和侧重点也各不相同，由国家立法统一确定重大行政决策事项的具体标准并不现实。因此，在立法调研、征求意见、专题研究的基础上，《条例》按照突出针对性、具备可行性、保留灵活性、提高透明度的原则，围绕地方政府职能，重点针对实践中问题比较突出的领域，通过“列举＋排除”来框定重大行政决策事项的范围，让决策机关结合职责权限和本地实际确定决策事项目录、标准。

一、关于列举的事项

《条例》在明确适用主体的同时，列举了五类事项，包括四项明确列举和一项兜底条款。一是“制定有关公共服务、市场监管、社会管理、环境保护等方面的重大公共政策和措施”。党的十八届三中全会通过的《中共中央关于全面深化改革若干重大问题的决定》要求，要加强地方政府公共服务、市场监管、社会管理、环境保护等职责。二是“制定经济和社会发展等方面的重要规划”，包括编制或调整各类总体规划、重要的区域规划、专项规划和产业规划等等。三是“制定开发利用、保护重要自然资源和文化资源的重大公共政策和措施”。自然资源包括水、土地、能源、矿产、生物等等，文化资源包括历史文化名城名镇名村、历史文化街区、传统村落和传统民居、特色景观、风景名胜区等以及各级各类博物馆、美术馆、图书馆、文化馆、群众艺术馆、纪念馆、非物质文化遗产保护中心及其他文博单位等文化文物单位馆藏的各类文化资源等等。四是“决定在本行政区域实施的重大公共建设项目”，包括本行政区域内建设的大型城市广场、公园、商业街区、文教卫生体育场馆、垃圾和污水处理设施、车站等。五是“对经济社会发展有重大影响、涉及重大公共利益或者公众切身利益的重大事项”，这是兜底条款，明确了重大行政决策的主要特点。

二、关于与法律、其他行政法规的衔接适用关系

《立法法》第九十二条规定，同一机关制定的法律、行政法规、地方性法规、自治条例和单行条例、规章，特别规定与一般规定不一致的，适用特别规定；新的规定与旧的规定不一致的，适用新的规定。第九十四条规定，行政法规之间对同一事项的新的一般规定与旧的特别规定不一致，不能确定如何适用时，由国务院裁决。《条例》是关于重大行政决策程序一般性规定的一部行政法规。按照上位法优于下位法的原则，《城乡规划法》《价格法》等有关法律对相关决策事项的决策程序另有规定的，适用其规定；按照同一机关制定的特别法优于一般法的原则，《国有土地上房屋征收与补偿条例》等专门性的行政法规对相关决策事项的决策程序另有规定的，适用其规定。

三、关于排除的事项

《条例》明确排除了三类事项。一是财政政策、货币政策等宏观调控决策。财政政策是政府进行反经济周期调节、熨平经济波动的重要工具，也是财政有效履行配置资源、公平分配和稳定经济等职能的重要方法，主要通过税收、补贴、赤字、国债、收入分配和转移支付等手段对经济运行进行调节。货币政策是指国家为实现特定的宏观经济目标采取控制和调节货币供应量的方针政策的总称，包括货币政策目标、货币政策手段以及这些手段的机制作用的调节过程。货币政策和财政政策是宏观调控的主要手段，需要根据经济社会发展情况相机决策。二是政府立法决策。根据《立法法》，地方政府承担的立法职责包括提请地方性法规和制定地方政府规章。《立法法》和《规章制定程序条例》对政府立法程序已有专门、系统、详细的规定，无须适用《条例》规定。制定行政规范性文件不属于《条例》规定的“政府立法决策”，如果符合重大行政决策的特征，应当适用《条例》规定。三是突发事件应急处置决策。根据《突发事件应对法》第三条、第四条、第四十八条等规定，突发事件是指突然发生，造成或者可能造成严重社会危害，需要采取应急处置措施予以应对的自然灾害、事故灾难、公共卫生事件和社会安全事件。发生地县级和设区的市级人民政府统一领导一般和较大自然灾害、事故灾难、公共卫生事件的应急处置工作；发生地省级人民政府统一领导重大和特别重大自然灾害、事故灾难、公共卫生事件的应急处置工作。上述由地方人民政府统一领导的突发事件应急处置工作已有《突发事件应对法》《防震减灾法》《防洪法》《气象法》《安全生产法》《消防法》《传染病防治法》《动物防疫法》《核电厂核事故应急管理条例》《突发公共卫生事件应急条例》等法律行政法规作出专门规定，不需要也不适宜适用《条例》的具体规定。

四、关于制定目录、标准

《条例》规定，“决策机关可以根据本条第一款的规定，结合职责权限和本地实际，确定决策事项目录、标准，经同级党委同意后向社会公布，并根据实际情况调整”。这里的“目录”可以是年度目录，也可以是细化目录。其中，年度目录是当年重大行政决策具体事项的目录，具体明确、一目了然，不少地方已经出台了年度目录；细化目录可以反复适用，但往往需要结合“重大”的标准来判断。具体采用哪一种，由决策机关结合本单位实际灵活把握。实践中，有的地方如广州、合肥、苏州等地还出台了专门的重大行政决策目录管理办法，对目录编制的主体和程序、向社会公布的时限、目录动态调整机制、监督考核机制等方面作了详细规定。“经同级党委同意”并“向社会公布”是制定目录、标准的程序性要求，这是重大行政决策坚持党的领导的具体体现，也有助于防止决策机关在制定目录、标准上的随意性。长远看，通过决策机关制度目录、标准，有利于各决策机关在实践中逐渐凝聚共识，以点带面推进科学民主依法决策。

第四条 重大行政决策必须坚持和加强党的全面领导，全面贯彻党的路线方针政策和决策部署，发挥党的领导核心作用，把党的领导贯彻到重大行政决策全过程。

释 义

本条是关于重大行政决策坚持党的领导的总体性要求。

中国共产党是中国特色社会主义事业的领导核心，这是历史的选择、人民的选择。党的十九大报告把坚持党对一切工作的领导确定为新时代坚持和发展中国特色社会主义的基本方略的第一条。我国《宪法》第一条开宗明义地规定，“中国共产党领导是中国特色社会主义最本质的特征”，以根本法的形式明确了中国共产党的领导地位。2018 年 8 月 24 日，中央全面依法治国委员会召开第一次会议，习近平总书记在会上发表重要讲话，系统论述了全面依法治国新理念新思想新战略，将其核心要义概括为“十个坚持”，其中第一个就是“坚持加强党对依法治国的领导”。2019 年 2 月，习近平主持召开中央全面依法治国委员会第二次会议，会议强调要把党的领导贯穿于重大行政决策全过程和各方面。《条例》将坚持党的领导作为一项根本要求，坚持将党的领导贯彻到重大行政决策全过程，因此《条例》第四条明确规定，重大行政决策必须坚持和加强党的全面领导，全面贯彻党的路线方针政策和决策部署，发挥党的领导核心作用，把党的领导贯彻到重大行政决策全过程。除了总则中的总体性要求外，《条例》在具体程序上也提出明确要求，如第三条规定，决策机关确定的决策事项目录、标准，经同级党委同意后向社会公布；第三十一条规定，重大行政决策出台前应当按照规定向同级党委请示报告。

第五条　作出重大行政决策应当遵循科学决策原则，贯彻创新、协调、绿色、开放、共享的发展理念，坚持从实际出发，运用科学技术和方法，尊重客观规律，适应经济社会发展和全面深化改革要求。

释　义

本条是关于科学决策原则的规定。科学决策，也称理性决策，是指在科学的理念指导下，运用各种科学技术和方法，使得决策方案尊重客观规律、符合实际需求。

一、关于科学决策原则的总体性要求

《条例》将科学决策作为重大行政决策的一项基本原则，结合当前经济社会发展实际，提出了三项总体性要求：

（一）贯彻创新、协调、绿色、开放、共享的发展理念

这是决策理念的要求。2015 年 10 月，习近平总书记在关于《中共中央关于制定国民经济和社会发展第十三个五年规划的建议》的说明中指出：发展理念是发展行动的先导，是管全局、管根本、管方向、管长远的东西，是发展思路、发展方向、发展着力点的集中体现。《国民经济和社会发展第十三个五年规划纲要》明确提出，创新、协调、绿色、开放、共享的新发展理念是具有内在联系的集合体，是“十三五”乃至更长时期我国发展思路、发展方向、发展着力点的集中体现，必须贯穿于“十三五”经济社会发展的各领域各环节。准确理解把握并贯彻落实新发展理念的内在要求，是贯彻习近平新时代中国特色社会主义思想，实现科学决策的前提条件。

（二）从实际出发，运用科学技术和方法

这是对决策过程和手段的要求。坚持一切从实际出发，是辩证唯物主义世界观的根本要求。一切从实际出

发要求在认识世界和改造世界的活动中，做到使主观符合客观，从客观存在的情况出发，提出解决问题的方法对策。真正做到一切从实际出发，要求我们必须深入实际开展调查研究，全面把握客观实际的全面性、整体性和变动性。当今社会，充分运用大数据分析等科学技术和方法是做好调查研究、全面准确把握客观实际的重要途径。

（三）尊重客观规律，适应经济社会发展和全面深化改革要求

这是对决策结果上的要求。习近平总书记指出，要把促进社会公平正义、增进人民福祉作为一面镜子，审视我们各方面体制机制和政策制定。重大行政决策对经济社会发展有着重大影响、涉及重大公共利益或者社会公众切身利益，必须以促进社会公平正义、增进人民福祉为出发点和落脚点，在尊重客观规律的基础上，把能不能给老百姓带来实实在在的利益、能不能创造更加公平的社会环境作为判断决策科学与否的重要标准，从最广大人民根本利益出发，从社会发展水平、社会大局、从全体人民的角度来看问题、作决策。

二、科学决策原则在重大行政决策程序中的具体体现

《条例》在制度设计上将科学决策原则贯穿于重大行

政决策的全过程。在决策启动阶段，要求对各方面提出的决策事项建议，有关单位应当进行研究论证后，再报请决策机关决定是否启动决策程序，论证内容包括拟解决的主要问题、建议理由和依据、解决问题的初步方案及其必要性、可行性等。决策启动后，要求决策承办单位广泛深入开展调查研究、全面准确掌握有关信息、充分协商协调的基础上，拟订决策草案；要求专业性、技术性较强的决策事项，应当组织专家、专业机构论证其必要性、可行性、科学性等，并从专家论证的基本要求、选择专家的标准、健全专家队伍管理机制等方面完善提高专家论证质量的制度机制；要求重大行政决策的实施可能对社会稳定、公共安全等方面造成不利影响的，应当组织评估决策草案的风险可控性。在决策执行过程中，发现重大行政决策存在问题或者不适应形势发展变化的，要求及时调整。

第六条 **作出重大行政决策应当遵循民主决策原则，充分听取各方面意见，保障人民群众通过多种途径和形式参与决策。**

释 义

本条是关于民主决策原则的规定。中华人民共和国的一切权力属于人民。《宪法》第二条第三款规定，“人民依照法律规定，通过各种途径和形式，管理国家事务，管理经济和文化事业，管理社会事务”；第二十七条第二款规定，“一切国家机关和国家工作人员必须依靠人民的支持，经常保持同人民的密切联系，倾听人民的意见和建议，接受人民的监督，努力为人民服务”。党的十八届三中全会通过的《中共中央关于全面深化改革若干重大问题的决定》明确指出，“在党的领导下，以经济社会发展重大问题和涉及群众切身利益的实际问题为内容，在全社会开展广泛协商，坚持协商于决策之前和决策实施之中”。人民通过各种途径参与重大行政决策，使决策真正体现人民的意志，反映最广大人民群众的根本利益和长远利益，是人民当家作主的一个重要方面，是协商民主的必然要求。

一、关于民主决策原则的总体性要求

《条例》将民主决策作为重大行政决策的一项基本原则，提出了两项总体性要求：

（一）充分听取各方面意见。这是对听取意见的广度和效果的要求

《条例》规定的“充分各方面的意见”既包括决策机关外部的意见，也包括决策机关内部的意见。一方面，要充分听取决策机关外部各方面的意见。坚持民主决策原则，要求通过提高决策透明度，进行广泛深入的调查研究、充分听取公众意见等各种方式，深入了解民情、充分反映民意、广泛集中民智，依法保障人民群众的知情权、参与权、表达权、监督权。另一方面，决策机关内部也要实行民主。《宪法》第三条第一款规定，“中华人民共和国的国家机构实行民主集中制的原则。”坚持民主决策原则，要求决策机关的行政首长在行政决策过程中，不能独断专行、搞“一言堂”，而必须按照民主集中制的组织原则，广开言路、集思广益，充分发挥决策机关集体的智慧来优化方案，保证决策科学、可行、有效。

（二）保障人民群众通过多种途径和形式参与决策

这是对决策听取意见的保障机制的要求。保障人民通过多种途径参与决策，一方面充分发挥现有的社会主义民主机制和渠道，例如通过人民代表、政协委员等的履职活动来反映人民群众有关重大行政决策的意见和要

求，另一方面也要通过立法将公众参与程序确定为法定程序，并在制度设计上防止走过场、形式化，不断拓宽参与途径和方式，增强公众参与实效，实现人民群众有序、有效参与决策。

二、民主决策原则在重大行政决策程序中的具体体现

《条例》在制度设计上将民主决策原则贯穿于重大行政决策的全过程，主要体现在：在决策启动环节，明确了人大代表、政协委员以及公民、法人或者其他组织提出决策事项建议的途径。决策启动后，要求决策承办单位广泛深入开展调查研究、全面准确掌握有关信息；设专门一节规定公众参与程序，要求以便于公众参与的方式充分听取意见并对听取意见的程序和要求作出明确规定；明确集体讨论决定为必经程序，对会议形式、议事规则等提出明确要求。在决策执行中，明确公民、法人或者其他组织可以对重大行政决策及其实施提出意见建议，要求决策后评估应当注重听取社会公众的意见，吸收人大代表、政协委员、人民团体、基层组织、社会组织参与评估。

第七条 **作出重大行政决策应当遵循依法决策原则，严格遵守法定权限，依法履行法定程序，保证决策内容符合法律、法规和规章等规定。**

释 义

本条是关于依法决策原则的规定。《地方各级人民代表大会和地方各级人民政府组织法》第五十五条第三款规定，“地方各级人民政府必须依法行使行政职权”。依法决策原则要求重大行政决策在权限、程序、内容上符合法律规定，是法治国家、法治政府建设的必然要求。行政机关能否做到依法决策，直接体现着其依法行政水平高低。

一、关于依法决策原则的总体性要求

（一）严格遵守法定权限

《条例》重在规范重大行政决策的程序，不涉及权限的设定。《条例》中要求的“严格遵守法定权限”，指的是决策机关作出重大行政决策的权限，需要符合《宪法》《地方各级人民代表大会和地方各级人民政府组织法》以及相关专门法律、法规等的规定。例如，《宪法》第107条规定，县级以上地方各级人民政府依照法律规定的权

限，管理本行政区域内的经济、教育、科学、文化、卫生、体育事业、城乡建设事业和财政、民政、公安、民族事务、司法行政、计划生育等行政工作，发布决定和命令，任免、培训、考核和奖惩行政工作人员。

（二）依法履行法定程序

党的十八届四中全会通过的《中共中央关于全面推进依法治国若干重大问题的决定》要求，把公众参与、专家论证、风险评估、合法性审查和集体讨论决定确定为重大行政决策法定程序。这五大法定程序是规范重大行政决策最为关键的程序制度，也是《条例》的主要内容。对于“依法履行法定程序”的理解，需要注意两点：第一，法定程序不等于必经程序。从调研情况看，如果程序过于死板僵化、不考虑地方依法行政的实际，结果往往是形式化、“走过场”。为此，《条例》将合法性审查、集体讨论决定作为必经程序的同时，坚持从实际出发，在重大行政决策草案的形成过程中体现了公众参与、专家论证和风险评估程序的有关要求，即除依法不予公开的外，应当充分听取公众意见；专业性、技术性较强的决策事项应当组织专家论证；决策实施可能对社会稳定、公共安全等方面造成不利影响的，应当组织风险评估。第二，五大程序不是完全僵化的流程。公众参与、专家论证、风险评估属于决策草案形成阶段的程序，三者之间没有固定的先后顺序，决策承办单位等可以根据决策事项特点和实际需要把握，有的程序还可以多次反复履行。草案形成后，需要依次履行合法性审查和集体讨论决定这两个程序。如果在合法性审查中发现应履行而未履行公众参与、专家论证和风险评估程序的，负责合法性审查的部门可以在审查意见中建议决策承办单位补充履行相关程序。集体讨论决定是五大程序中的最后一个程序，当然也不排除会议集体讨论时，要求重新履行或者补充履行有关程序。

（三）决策内容符合法律、法规和规章等规定

决策机关根据法定职权作出的重大行政决策在内容上必须符合相关法律规定。《条例》中的“法律、法规和规章”，包括宪法、法律、行政法规、地方性法规、部门规章和地方政府规章。其中，宪法、法律和行政法规适用于全国各地区、各部门和各行各业。地方性法规包括省、自治区、直辖市和设区的市的人民代表大会及其常务委员会依照法定职权和程序制定的地方性法规，经济特区所在地的省、市的人民代表大会及其常务委员会

依照法定职权和程序制定的经济特区法规，以及自治州、自治县的人民代表大会依照法定职权和程序制定的自治条例和单行条例。另外，根据《立法法》第八十条的有关规定，国务院的决定和命令也是制定部门规章的依据，因此，地方政府作出的重大行政决策在内容上也应当符合国务院作出的有关决定和命令。

二、依法决策原则在重大行政决策程序中的具体体现

《条例》在制度设计上将民主决策原则贯穿于重大行政决策的全过程，其中，有关合法性审查程序的规定是依法决策原则的集中体现。《条例》将合法性审查作为必经程序，明确决策草案提交决策机关讨论前，应当进行合法性审查。决策草案未经合法性审查或者经审查不合法的，不得提交决策机关讨论。同时，针对实践中合法性审查受干扰、难深入等问题，明确了送请审查需要的材料、时间要求以及合法性审查的内容和合法性审查结果的效力。除合法性审查程序外，依法决策原则还体现在以下方面：一是规定决策承办单位在拟订决策草案时，应当全面梳理与决策事项有关的法律、法规、规章和政策，使决策草案合法合规、与有关政策相衔接。二是设

“法律责任”一章，对相关机关和人员违反本条例的违法决策的法律责任作了规定。

第八条 重大行政决策依法接受本级人民代表大会及其常务委员会的监督，根据法律、法规规定属于本级人民代表大会及其常务委员会讨论决定的重大事项范围或者应当在出台前向本级人民代表大会常务委员会报告的，按照有关规定办理。

上级行政机关应当加强对下级行政机关重大行政决策的监督。审计机关按照规定对重大行政决策进行监督。

释 义

本条是关于对重大行政决策监督的规定。从监督主体看，本条规定的监督包括国家权力机关的监督、上级行政机关的监督和审计监督。

一、人大监督

国家权力机关的监督，是各级人大进行的监督，属于外部监督的一种。我国的政体是人民代表大会制度。这个制度的特点是，在由各级人民代表大会统一行使国家权力的前提下，又对国家权力机关、行政机关、审判机关、检察机关的职责做了明确划分。我国《宪法》明确规定，国家行政机关、审判机关、检察机关都由人民代表大会产生，对它负责，受它监督。地方各级人民代表大会是地方国家权力机关，县级以上的地方各级人民代表大会设立常务委员会。地方各级人民政府是地方各级国家权力机关的执行机关，是地方各级国家行政机关。

各级人大对政府工作的监督，既是一种制约，又是一种支持和促进。人大监督的内容包括工作监督和法律监督两个方面。工作监督，就是监督是否严格依法办事，是否坚持执政为民、以人为本，是否真正做到“权为民所用、情为民所系、利为民所谋”，是否全心全意为人民服务。法律监督，就是对法规、规章和其他规范性文件进行备案审查和执法检查，发现这些文件同宪法和法律相抵触的，依法予以撤销或者责令制定机关予以纠正。人大对重大行政决策的监督主要体现为工作监督，如果是以规范性文件形式作出的决策，也要接受人大的法律监督。

我国《宪法》《各级人民代表大会常务委员会监督

法》《地方各级人民代表大会和地方各级人民政府组织法》等就人大对政府的监督方式作出了明确规定。例如，《宪法》规定，地方各级人民代表大会在本行政区域内，保证宪法、法律、行政法规的遵守和执行；审查和决定地方的经济建设、文化建设和公共事业建设的计划。县级以上的地方各级人民代表大会常务委员会讨论、决定本行政区域内各方面工作的重大事项；监督本级人民政府的工作；撤销本级人民政府的不适当的决定和命令。地方各级人民政府对本级人民代表大会负责并报告工作；县级以上的地方各级人民政府在本级人民代表大会闭会期间，对本级人民代表大会常务委员会负责并报告工作。《各级人民代表大会常务委员会监督法》规定，各级人民代表大会常务委员会每年选择若干关系改革发展稳定大局和群众切身利益、社会普遍关注的重大问题，有计划地安排听取和审议本级人民政府、人民法院和人民检察院的专项工作报告。专项工作报告由人民政府、人民法院或者人民检察院的负责人向本级人民代表大会常务委员会报告，人民政府也可以委托有关部门负责人向本级人民代表大会常务委员会报告。

同时，根据党的十八届三中全会通过的《中共中央关于全面深化改革若干重大问题的决定》中关于“健全人大讨论、决定重大事项制度，各级政府重大决策出台前向本级人大报告”的要求，中央层面已经出台了关于健全人大讨论决定重大事项制度、各级政府重大决策出台前向本级人大报告的实施意见，就人大讨论决定重大事项、各级政府重大决策出台前向本级人大报告的总体要求、重点、工作机制、程序、实施等方面提出了指导意见。不少地方也按照要求制定出台了地方性的细化落实制度。例如，北京市出台了《市政府重大决策出台前向市人大常委会报告工作办法》，对报告的事项范围、程序等作了具体规定。

二、上级行政机关的监督

上级行政机关的监督，是上级行政机关基于行政领导关系对下级行政机关的重大行政决策情况进行的全方位监督。《宪法》规定，县级以上的地方各级人民政府领导所属各工作部门和下级人民政府的工作，有权改变或者撤销所属各工作部门和下级人民政府的不适当的决定。地方各级人民政府对上一级国家行政机关负责并报告工作。全国地方各级人民政府都是国务院统一领导下的国家行政机关，都服从国务院。《地方各级人民代表大会和地方各级人民政府组织法》规定的县级以上的地方各级人民政府行使的职权中也包括“领导所属各工作部门和下级人民政府的工作”“改变或者撤销所属各工作部门的不适当的命令、指示和下级人民政府的不适当的决定、命令”。

三、审计监督

审计监督是由我国《宪法》所明确的专门监督。《宪法》第九十一条规定：“国务院设立审计机关，对国务院各部门和地方各级政府的财政收支，对国家的财政金融机构和企业事业组织的财务收支，进行审计监督。审计机关在国务院总理领导下，依照法律规定独立行使审计监督权，不受其他行政机关、社会团体和个人的干涉。”第一百零九条规定：“县级以上的地方各级人民政府设立审计机关。地方各级审计机关依照法律规定独立行使审计监督权，对本级人民政府和上一级审计机关负责。”2015 年，中共中央办公厅、国务院办公厅印发的《关于实行审计全覆盖的实施意见》明确提出，“对重大政策措施、重大投资项目、重点专项资金和重大突发事件开展跟踪审计”，并从“本地区本部门本单位发展规划和政策措施制定、执行情况及效果，重大决策和内部控制制度的执行情况及效果”等方面对领导干部履行经济责任情况实行审计全覆盖。

第九条 重大行政决策情况应当作为考核评价决策机关及其领导人员的重要内容。

释 义

本条是关于重大行政决策情况考核评价方面的规定。《法治政府建设实施纲要（2015－2020年）》明确提出，“各级党委要把法治建设成效作为衡量各级领导班子和领导干部工作实绩的重要内容，纳入政绩考核指标体系，充分发挥考核评价对法治政府建设的重要推动作用。”贯彻落实《条例》有关程序制度规定，推进重大行政决策科学化、民主化、法治化是法治政府建设的重要内容。因此，重大行政决策情况也必然是考核评价决策机关及其领导人员的重要内容。本条规定涉及考核评价的客体、考核评价的对象。

考核评价的客体为“重大行政决策情况”，既包括在健全科学、民主、依法决策机制，完善重大行政决策程序制度，推进科学民主依法决策方面的力度、进度及其实施的总体情况的考核评价，也包括对具体的重大行政决策是否依法履行法定程序，决策内容是否合法、可行、科学，决策执行是否全面、明确、到位，决策是否解决实际问题等等方面的考核评价。

考核评价的对象包括“决策机关及其领导人员”。其中，“决策机关”即“县级以上地方人民政府”，包括省、自治区、直辖市，自治州、设区的市，县、自治县、不设区的市、市辖区。根据《地方各级人民代表大会和地方各级人民政府组织法》第五十六条的规定，省、自治区、直辖市、自治州、设区的市的人民政府分别由省长、副省长，自治区主席、副主席，市长、副市长，州长、副州长和秘书长、厅长、局长、委员会主任等组成，县级以上各地方人民政府的组成人员作为一个整体，接受考核评价。县、自治县、不设区的市、市辖区的人民政府分别由县长、副县长，市长、副市长，区长、副区长和局长、科长等组成。“决策机关领导人员”即县级以上地方人民政府的领导人员，是对领导人员个人的考核评价，考核对象包括政府的正职和副职领导人员，不包括秘书长、厅长、局长、委员会主任、科长等。

第二章　决策草案的形成

本章是关于重大行政决策草案形成的规定，包括决策启动、公众参与、专家论证、风险评估四个小节。决策启动小节主要规定了决策事项建议提出的主体和程序、决策承办单位的确定、决策草案的拟订及征求意见等问题。公众参与小节主要规定了公众参与的方式、向社会公开征求意见的程序要求、听证会相关程序及后续意见的处理等问题。专家论证小节主要规定了专家论证内容和工作要求、论证方式和工作机制、设立专家库制度等。风险评估小节主要规定了风险评估的范围、风险评估的工作机制、风险评估结果运用等。

第一节　决策启动

本节规定了重大行政决策的启动程序，也即决策的“动议”或“立项”环节。启动程序是重大行政决策程序的输入端口，由于实践中对其的关注不够，导致重大行政决策往往“病从源头起”。要保证重大行政决策的质量和效率，就必须严把入口关，避免重大行政决策程序启动过于随意。例如，对于涉及投资巨大的公共建设项目的重大行政决策，强化决策立项前的研究论证，既有助于遏制搞“政绩工程”“形象工程”的冲动，减少与此相关的寻租和腐败行为，还能够避免因为“一把手”专断草率上马项目，事后发现存在问题不容易刹车，或者中途不得不停止而造成巨大浪费的后果。

本节总共四条，主要包括决策启动的基本程序、如何确定决策承办单位、决策承办单位如何拟订决策草案等内容，规定了重大行政决策“要不要干”“谁来干”“怎么干起来”的程序和基本要求，对从源头上提高决策的科学化、民主化、法治化水平具有现实意义。

第十条 **对各方面提出的决策事项建议，按照下列规定进行研究论证后，报请决策机关决定是否启动决策程序：**

（一）决策机关领导人员提出决策事项建议的，交有关单位研究论证；

（二）决策机关所属部门或者下一级人民政府提出决策事项建议的，应当论证拟解决的主要问题、建议理由和依据、解决问题的初步方案及其必要性、可行性等；

（三）人大代表、政协委员等通过建议、提案等方式提出决策事项建议，以及公民、法人或者其他组织提出书面决策事项建议的，交有关单位研究论证。

释 义

本条规定了决策启动的基本程序，包括提出决策事项建议的主体、对决策事项建议进行研究论证的要求、如何决定启动决策程序等方面的内容。

一、提出决策事项建议的主体

根据本条规定，共有三类主体可以提出决策事项建议。第一类是决策机关领导人员；第二类是决策机关所属部门或者下一级人民政府；第三类是人大代表、政协委员以及公民、法人或者其他组织。

根据《地方各级人民代表大会和地方各级人民政府组织法》，决策机关领导人员主要指决策机关的行政首长和分管负责人，不包括政府秘书长（政府办主任）、厅长、局长、委员会主任、科长等政府组成人员。决策机关领导人员可以通过开会、批示等方式向决策机关提出决策事项建议，再交有关单位研究论证；也可以先将决策事项建议交有关单位研究论证后，再由本人或者有关单位向决策机关提出。决策机关领导人员的决策事项建议应当明确拟解决的主要问题，以及拟交办的有关单位。

由于重大行政决策事项范围较广，提出决策事项建议的决策机关所属部门一般包括决策机关的组成部门、直属机构、特设机构、办事机构、派出机构，也包括法律法规授权履行行政管理职能的机构及其他有关单位。决策机关所属部门或者下一级人民政府提出决策事项建议，一般应当以正式请示报送决策机关。

重大行政决策具有公共性，往往关系到公众的切身利益，不仅要保障公众对“怎么干”的发言权，还需要公众参与到“干什么”的决策中来，这是民主决策原则的应有之义。行政机关在项目启动环节就应广泛听取社会各方面的意见和建议，而不能把决策程序当作纯粹的内部工作流程来看待。因此，本条规定人大代表、政协委员以及公民、法人或者其他组织可以提出决策事项建议。人大代表、政协委员一般通过代表建议、委员提案的方式提出重大行政决策事项建议，由人大、政协转交决策机关及其所属部门办理。公民、法人和其他组织可以直接向决策机关提出决策事项建议，由决策机关转交有关单位研究论证；也可以先向决策机关所属部门提出建议，由该部门研究论证后决定是否向决策机关提出正式建议。为保证重大行政决策立项的质量和严肃性，公民、法人或其他组织提出决策事项建议的，应当以书面方式提出。建议应当写明拟解决的主要问题和建议理由。有条件的，鼓励一并写明法律法规和政策依据、解决问题的初步方案、必要性和可行性分析，并附其他相关材料。

此外，上级行政机关交办的任务也可能间接引发决策启动程序。如果上级行政机关交办的任务比较明确，可以直接执行，下级行政机关就不需要按照决策启动程序研究论证、再次决策。如果上级行政机关只提出要求、目标，下级行政机关为落实要求、实现目标还需要制定具体的实施方案，且该实施方案属于重大行政决策事项的，也需要按照本条规定的程序研究论证，再决定是否启动决策程序。

二、决策事项建议应当经过研究论证

为解决目前重大行政决策实践中可能存在的立项随意和不够科学等问题，本条将研究论证作为启动决策的前置环节。即便是决策机关领导人员提出的决策事项建议，也要经过有关单位研究论证，以增强决策事项建议的规范性和科学性。

在条例起草过程中，一些地方提出，为保证行政效率，建议缩小对决策事项建议研究论证的适用范围，对领导人员和有关部门提出的决策事项建议可以直接决定启动，研究论证程序主要适用于人大代表、政协委员或者公民、法人、其他组织提出的决策事项建议。条例最终并未采纳这种观点，主要是因为实践中随意启动决策程序的问题十分突出，一些未经充分研究的项目匆匆上马或者进入决策程序，既造成了公共资源的严重浪费，又给行政机关工作人员带了繁重的工作负担。在决策前期把研究论证工作做足做好，既有助于科学决策，减少执行过程中的反复，提高决策的整体效率；又有助于保护决策机关领导人员和行政机关工作人员，降低决策失误的追责风险，减轻不必要的工作负担。

决策机关领导人员、人大代表、政协委员、公民、法人或其他组织提出决策事项建议后，需交有关单位研究论证。这里的“有关单位”，主要指决策机关所属部门及下一级人民政府。承办单位应当研究论证拟解决的主要问题、建议理由、法律法规和政策依据、解决问题的初步方案、必要性和可行性等。研究论证结果应以书面请示报告报送决策机关。承办单位在研究论证过程中，可以借用“外脑”，委托科研机构、企事业单位及专家学者等开展研究论证，或者听取他们的意见建议。

三、决策机关决定是否启动决策程序

有关单位经过研究论证，并向决策机关正式提交请示报告后，由决策机关决定是否启动决策程序。本条没有规定决策机关必须以什么形式或程序作出决定。从地方立法及实践情况来看，决策机关怎样作出决定差异较大。有的地方只能由行政首长决定是否启动决策程序，有的地方规定部分事项可以由分管领导决定，有的地方由政府办公会、专题会决定，还有的地方则由政府全体会议或者常务会议讨论决定。不同地方、不同层级的决策机关，不同内容、不同性质的决策事项建议，决策启动程序不尽相同。决策机关如何决定，属于行政机关内

部运转流程，无需统一规定，具体方式可由地方根据相关法律规定、工作规则、实际需要自行掌握。对于特别重大的决策事项建议，需要向同级党委或人大常委会请示报告的，决策机关应当按照规定及时请示报告。

对于人大代表、政协委员、公民、法人或者其他组织提出的决策事项建议，如果涉及公众切身利益，或者引发社会高度关注，决策机关应当就是否启动决策程序及其理由及时向建议提出人员作出反馈，必要时可以公开反馈。其他决策事项建议，有条件也应及时反馈。

第十一条 **决策机关决定启动决策程序的，应当明确决策事项的承办单位（以下简称决策承办单位），由决策承办单位负责重大行政决策草案的拟订等工作。决策事项需要两个以上单位承办的，应当明确牵头的决策承办单位。**

释 义

本条是关于决策机关明确决策承办单位的规定。

关于确定决策承办单位的主体。在地方有关规范重大行政决策程序的立法和实践中，确定决策承办单位的方式包括：依照法定职权确定、行政首长确定、分管领导确定、政府办公会议或者政府办确定。如何确定承办单位属于政府内部工作流程，并非仅存在于重大行政决策程序中。因此，本条只原则性规定“应当明确决策事项的承办单位”，具体由谁来确定，则由地方政府根据行政规则、工作惯例、实际需要自行掌握。

关于决策承办单位的具体范围。从地方实践来看，承办单位可以是下一级政府，本级政府的组成部门、直属机构、特设机构、办事机构、派出机构、法律法规授权履行行政管理职能的机构及其他有关单位。本条对此未作限定，由地方政府根据实际需要自行掌握。决策事项需要两个以上单位共同承办的，应当明确牵头的决策承办单位，一般情况下牵头单位为一个。

决策承办单位除拟订重大行政决策草案外，还要负责做好听取公众意见、组织专家论证、开展风险评估、送请合法性审查、提交决策机关讨论等工作。

第十二条　决策承办单位应当在广泛深入开展调查研究、全面准确掌握有关信息、充分协商协调的基础上，拟订决策草案。

决策承办单位应当全面梳理与决策事项有关的法律、法规、规章和政策，使决策草案合法合规、与有关政策相衔接。

决策承办单位根据需要对决策事项涉及的人财物投入、资源消耗、环境影响等成本和经济、社会、环境效益进行分析预测。

有关方面对决策事项存在较大分歧的，决策承办单位可以提出两个以上方案。

释 义

本条是关于决策承办单位如何拟订决策草案的总体性规定。

好的重大行政决策必须以决策承办单位扎实细致的工作为基础。只有决策承办单位在其职责范围内积极做好决策有关的准备和支撑工作，做到情况明确、问题清楚、方案科学、措施可行、依法合规，决策机关才能及时正确作出决策。因此，本条例规定了决策承办单位的职责，明确决策过程中的各项具体工作由决策承办单位及相关单位承担，通过管住决策承办单位从而约束决策机关及其领导人员，为决策机关科学、民主、依法决策提供有力保障。

一、拟订决策草案的基本要求

由于决策内容、性质、影响范围等方面的差异，不同的决策事项在决策草案的拟订程序上存在一定区别。但有一些基本原则，普遍适用于各类决策草案的拟订过程，需要所有决策承办单位认真遵守。

一是广泛深入地开展调查研究。为了全面充分掌握有关情况，决策承办单位要拓展调研渠道、丰富调研手段、创新调研方法，把走出去调研和请进来调研、实地调研和案头调研、综合调研和专题调研结合起来，多层次、多方位、多渠道开展调查研究。有条件的地方可将线下调查与线上调查相结合，在有效开展线下调查的同时，充分利用互联网、云计算等现代化手段采集大数据信息，实现跨区域、跨群体的海量数据分析和动态追踪调研。调研过程中要注重点面结合，在全面了解整体情况的同时，选准有代表性的正反面典型案例，运用“解剖麻雀”的方法进行剖析，集中精力对问题进行更为系统、深入、细致、透彻的分析。要切忌调研中的形式主义，防止为了调研而调研，不搞“出发一车子、开会一屋子、发言念稿子”式的调研，不搞“作秀式”调研，真正通过调查研究掌握实情、了解民意。

二是与各方面充分沟通协商。决策承办单位应与各方面做好沟通协调，力争将矛盾争议化解在决策草案拟订环节，为决策机关高效决策提供良好基础。为此，决策承办单位既要做好与党政机关各单位之间的协商协调，力求各单位之间达成一致意见，又要充分吸纳公民、法人及其他组织的意见，凝聚最广泛的社会共识。在听取各方面意见的过程中，决策承办单位要系统、周密地考虑问题，既要看各方面的意见是什么，更要把意见背后的利益诉求和利害关系分析透彻。决策承办单位要努力站在决策机关的角度，统筹兼顾各方意见，认真权衡利弊得失，形成具有针对性、指导性、操作性的决策草案。

三是力求决策草案详尽完备。为了使决策机关充分了解有关情况，科学合理作出决策，决策承办单位应尽可能使决策草案精细完善。决策草案应当对决策的背景情况、必要性和可行性、主要思路、重点难点问题、征求有关单位和公民意见的情况、进行专家论证和风险评估的情况、各方面对决策主要问题的不同意见及其协调处理情况等作出说明。报送决策草案时，有条件的还应当同时报送国内外有关情况，以及调研报告、考察报告、相关数据等参考材料。

二、全面梳理有关法律法规政策

在起草本条例、进行立法调研和征求意见的过程中，不少地方的同志提出，很有必要在决策草案拟订之初就对合法性问题进行研究论证。一方面，这样做可以将一些与现行法律法规规章有冲突的决策事项尽早排除，避免行政资源浪费。另一方面，相比负责合法性审查的部门，决策承办单位更了解本领域的法律法规规章，提前审查有助于减少合法性审查部门的疏漏和审查压力。《条例》最终采纳了这种意见。实践中，有的地方已经明确要求，在决策草案拟订过程中，应由决策承办单位的法制机构进行合法性论证或者初审并出具书面意见，作为送请合法性审查的材料之一。与此类似，决策承办单位提前梳理与决策事项有关的政策，可以保证决策草案与有关政策更好衔接，减少政策“打架”、朝令夕改等问题。

三、进行成本效益分析

成本效益分析是通过比较项目的全部成本和全部收益来评估项目价值的一种经济决策方法。采用成本效益分析方法，将决策中涉及的各种成本和收益一一列出，将不确定因素转化为可供评估的不同变量，并加以系统分析，可以得出较为科学合理的决策方案。

随着经济的发展，政府投资项目日益增多，人们逐渐开始重视政府投资的经济和社会效益。以此为契机，成本效益分析法在实践中得到了迅速发展，被多国政府广泛采用。在国外，它最早被运用于水坝建设，包括水力发电、洪水控制、灌溉、旅游的成本效益分析上，近年来扩展应用到交通、城市化改造等公共项目甚至与经济效益联系不大的项目上。有的国家已将成本效益分析作为重大行政决策的法定考察规则。

实践证明，将成本效益分析应用于重大行政决策，有利于提高决策的科学性，符合行政法中比例原则的要求。在条件允许的情况下，本条例鼓励决策承办单位尽可能对决策事项进行成本效益分析。特别是对于重大公共建设项目的决策，一般应当进行成本效益分析。

相比于经济决策，重大行政决策的成本和收益更加广泛，也更不确定。除可以计算的直接经济成本和收益外，重大行政决策在社会、环境等方面的成本和收益可能更加重要。应考虑的成本和收益因素至少包括：直接经济成本和收益；间接经济成本和收益；行政相对人权利的减损和实现程度；公共安全、卫生、健康、资源环境方面的成本收益；公共生活的便利程度；人民群众的满意度和支持度；对历史文化产生的影响；等等。

在进行成本效益分析时，决策承办单位一般要提出解决问题的多种方法，尽量明确地列出可能付出的成本以及带来的收益。可以量化的指标应尽可能量化，难以量化的指标应详尽描述可能产生的后果。在综合分析的基础上，决策承办单位最后选择一种最优方案，作为起草决策草案的蓝本。对于专业性、技术性较强的决策事项，以及定量分析工作较多的决策事项，决策承办单位可以委托专家或专业机构进行成本效益分析。

四、有关方面存在较大分歧的，决策承办单位可以提出两个以上方案

当不同的政府部门之间，以及社会公众、专家学者等对决策事项存在重大分歧时，决策承办单位可以起草两个以上方案。如果重大分歧涉及决策事项的整体方向，决策承办单位可以起草两个自成一体、系统完整的决策草案。如果重大分歧只涉及决策事项的关键局部问题，决策承办单位可以形成两个针对该问题的局部方案，不必一定形成两个完整的决策草案。决策承办单位提出两个以上方案后，这些方案一般应全部出现在后续的决策程序中。

第十三条 **决策事项涉及决策机关所属部门、下一级人民政府等单位的职责，或者与其关系紧密的，决策承办单位应当与其充分协商；不能取得一致意见的，应当向决策机关说明争议的主要问题，有关单位的意见，决策承办单位的意见、理由和依据。**

释 义

本条是关于决策承办单位征求有关单位意见的规定。

重大行政决策往往涉及多个部门的职责，会对多个领域产生较大影响。为了审慎稳妥拟订决策草案，决策承办单位应当就涉及其他部门职责或者与其他部门关系紧密的事项征求有关部门意见，并与其保持密切联系，进行充分协商。例如，决策事项涉及部门职责分工、行政许可、财政支持、税收优惠政策的，应当征得机构编制、财政、税务等相关部门同意。决策事项涉及党的机关、群团组织及其他企事业单位的，也应当及时征求意见，进行充分协商。

决策过程中，可能出现有关部门之间存在重大分歧影响决策进度的情形。为了避免拖延，决策承办单位应当主动与有关部门做好沟通协商，争取在决策草案起草阶段化解分歧。承办人和承办处（科）室要切实担起责任，提高沟通协调能力，尽量避免将矛盾上交。承办人和承办处（科）室解决不了的，承办单位负责人应当出面沟通协调，避免将一般性分歧推给决策机关。经多次协调仍不能达成一致的，决策承办单位应当向决策机关说明争议的主要问题、有关单位的意见，以及决策承办单位的意见、理由和依据，由决策机关领导人员进行协调，或者由决策机关作出决定。

第二节　公众参与

本节是有关公众参与重大行政决策程序的具体规定。公众参与是民主决策原则的体现，是重大行政决策的五项法定程序之一。让公众参与到重大行政决策中来，有利于最大程度地保障公众对重大行政决策的知情权、参与权和监督权。《条例》第六条规定：“作出重大行政决策应当遵循民主决策原则，充分听取各方面意见，保障人民群众通过多种途径和形式参与决策。”本节也是《条例》第六条有关内容的具体化。

第十四条 决策承办单位应当采取便于社会公众参与的方式充分听取意见，依法不予公开的决策事项除外。

听取意见可以采取座谈会、听证会、实地走访、书面征求意见、向社会公开征求意见、问卷调查、民意调查等多种方式。

决策事项涉及特定群体利益的，决策承办单位应当与相关人民团体、社会组织以及群众代表进行沟通协商，充分听取相关群体的意见建议。

释 义

本条是关于决策承办单位采用何种方式听取公众意见的规定，分三款规定了听取公众意见方式的总体要求、听取公众意见的具体方式以及有关特殊情形的规定。

一、听取公众意见方式的总体要求

决策承办单位应当采取便于社会公众参与的方式充分听取意见，依法不予公开的决策事项除外。这是对重大行政决策程序中听取公众意见方式的总体要求。这一要求可以分为三个方面：

一是以听取公众意见为原则。公众参与虽然不是重大行政决策的必经程序，但决策承办单位原则上应当充分听取社会公众的意见。《宪法》第二条第三款规定："人民依照法律规定，通过各种途径和形式，管理国家事务，管理经济和文化事业，管理社会事务。"重大行政决策往往能够对公众权益产生广泛而深刻的影响。让公众参与到决策过程中来，既是对《宪法》相关规定的落实，也是提高决策民主化程度，有效减少决策不当对公众权益产生负面影响的重要方式。参与原则是民主决策的最直接的实现方式，民主决策又是实现依法决策、科学决策的重要途径。虽然实现了民主决策并不等于实现了依法决策和科学决策，但民主决策在一定程度上可以保证决策不脱离法治轨道，也可以为决策带来更多的科学因素。因此，公众参与是保证科学、民主、依法决策的重要路径，听取公众意见也就成为重大行政决策程序的原则性规定。

二是以不听取公众意见为例外。公众参与程序之所以不是重大行政决策的必经程序，这是因为还有一些重大行政决策事项不适宜听取公众的意见，也就是一些例外的情形。为了避免决策承办单位随意将一些重大行政决策排除在应当听取公众意见的事项之外，《条例》限定了例外情形的范围，即“依法不予公开的决策事项”。这些依法不予公开的决策事项一般涉及国家秘密、商业秘密、个人隐私。如果决策事项中包含了依法确定为国家秘密的政府信息，法律、行政法规禁止公开的政府信息，以及公开后可能危及国家安全、公共安全、经济安全、社会稳定的政府信息，那么决策事项依法就不予公开。政府在履行有些行政职能时会产生一定的经济利益，例如对城市地铁线路的规划会带来地铁沿线房价的上涨。因此，为维护国家经济调控和经济监管手段的有效性，需要对一些调控措施或者监管措施进行保密。此外，还有一些决策事项含有商业秘密、个人隐私等公开会对第三方合法权益造成损害的信息，原则上也不得公开。

三是听取公众意见应采取便于社会公众参与的方式。听取公众意见的方式是多种多样的，但决策承办单位所采取的方式应当符合便于公众参与这一特点。对此，就需要根据不同的听取意见对象，采用不同的方式。因为对某些人而言是便捷的方式，对另外一些人而言可能并不便捷。比如，某一涉及老年人权益的重大行政决策事项，如果采用年轻人普遍认为便捷的网络征求公众意见的方式，那就会给老年人的参与带来不便。对于老年人而言，可能实地走访、问卷调查等方式更有利于他们充分参与到决策过程中来。

二、听取公众意见的具体方式

《条例》规定了听取意见可以采取多种方式，包括座谈会、听证会、实地走访、书面征求意见、向社会公开征求意见、问卷调查、民意调查等。这些都是比较常见的听取公众意见的方式，但这些方式在组织程序、听取意见范围等方面还是存在较大差别，并各有特色。需要组织者针对不同的需要和对象，采用合适的方式听取意见。

向社会公开征求意见和听证会是两种比较重要的听取意见形式，社会涉及面广，程序要求比较规范、复杂。因此，《条例》在接下来的第十五条中具体规定了向社会公开征求意见的程序要求，在第十六条和第十七条中具体规定了召开听证会的程序要求。《法治政府建设实施纲要（2015－2020年）》中提出要求："推行文化教育、医疗卫生、资源开发、环境保护、公用事业等重大民生决策事项民意调查制度。"此外，从地方规定来看，很多地方还将论证会作为听取意见的形式之一，本条未作此规定的原因在于，论证会主要是专家运用专业知识对有关问题进行论证的具体形式，主要在专家论证程序中运用，突出决策的科学性。本条规定的听取意见主要是听取社会公众意见，重在突出决策的民主性，因此不宜将论证会作为听取公众意见的具体形式。

一些西方国家也很重视行政决策中的公众参与。德国行政决策中的公众参与形式也是多种多样的，既有法律明确规定的正式程序，也有实践中不断创新出的非正式程序。正式程序是法律上规定的、直接民主型的公众参与程序，具体包括全民请愿和全民公决、听证会、公开征求意见程序等。非正式程序包括公民调查程序、共识会议程序、冲突调解程序等。

三、有关特殊情形的规定

当决策事项涉及特定群体的利益时，听取公众意见就需要相对聚焦，要有针对性。对于这一特殊情形，《条例》规定了决策承办单位应当采用协商的方式，与相关群体进行沟通，充分听取其意见。听取意见的对象包括相关人民团体、社会组织以及群众代表。

一些法律和文件中对此也有规定。例如，《妇女权益保障法》第十条规定："制定法律、法规、规章和公共政策，对涉及妇女权益的重大问题，应当听取妇女联合会的意见。妇女和妇女组织有权向各级国家机关提出妇女权益保障方面的意见和建议。"《法治政府建设实施纲要(2015－2020年)》规定："增强公众参与实效。事关经济社会发展全局和涉及群众切身利益的重大行政决策事项，应当广泛听取意见，与利害关系人进行充分沟通，并注重听取有关人大代表、政协委员、人民团体、基层组织、社会组织的意见。"《中共中央关于加强社会主义协商民主建设的意见》第十三条规定："增强协商的广泛性针对性。……涉及特定群体利益的，加强与相关人民团体、社会组织以及群众代表的沟通协商。"中共中央办公厅印发的《关于加强人民政协协商民主建设的实施意见》中提出要"充分发挥人民政协作为协商民主重要渠道和专门协商机构的作用。"并在第十三条中规定："拓展协商形式。政协在党委和政府重大决策形成过程中及时召开专题座谈会，有关方面负责同志到会听取意见建议。"

协商是一种比较常见的征求意见的方式。其特点是：协商过程中存在行政机关与相关群体的合意，而非单向地听取意见。这种直观的方式可以让特定群体实实在在看到自己的意见是否被有效采纳，并及时知晓不被采纳的原因，进而避免行政决策因当事人的不理解而难以执行。所以，如果重大行政决策涉及某些特定群体利益的，那么以协商的方式听取特定群体的意见将大大发挥优势。

第十五条 决策事项向社会公开征求意见的，决策承办单位应当通过政府网站、政务新媒体以及报刊、广播、电视等便于社会公众知晓的途径，公布决策草案及其说明等材料，明确提出意见的方式和期限。公开征求意见的期限一般不少于30日；因情况紧急等原因需要缩短期限的，公开征求意见时应当予以说明。

对社会公众普遍关心或者专业性、技术性较强的问题，决策承办单位可以通过专家访谈等方式进行解释说明。

释 义

本条是关于决策承办单位向社会公开征求意见的

规定。

向社会公开征求意见是公开程度最高、社会参与面最广的一种公众参与方式，是推进科学决策、民主决策的重要途径之一。《法治政府建设实施纲要（2015－2020年）》提出："各级行政机关特别是市县两级政府要加强公众参与平台建设，对社会关注度高的决策事项，应当公开信息、解释说明，及时反馈意见采纳情况和理由。"向社会公开征求意见可以使社会公众快速了解决策背景、拟解决的主要问题、决策过程中的考虑等，便于社会公众提出更有针对性的意见建议。它有利于充分反映各方面的意见和愿望，有利于集思广益、提高决策质量，有利于凝聚共识、增进公众理解。

一、向社会公开征求意见的具体要求

（一）关于公开征求意见的适用范围

由于我国幅员辽阔，各地情况不同，实践中可能做不到所有决策事项均向社会公开征求意见，因此关于哪些决策事项应当公开征求意见，可以由决策机关或决策承办单位根据本地情况具体确定和把握。在条件允许的情况下，除依法不予公开的决策事项外，鼓励各地方尽可能向社会公开征求意见。

（二）关于公开征求意见的途径

本条规定决策承办单位应当通过政府网站、政务新媒体以及报刊、广播、电视等便于社会公众知晓的途径公开征求意见。这几种方式并非必须全部采用，而是可以在实践中根据需要进行选择。无论采取何种方式，必须符合便于公众知晓的要求。当前，要特别重视政务新媒体在公开征集意见中的作用。政务新媒体包括政务微博、政务微信、移动客户端等，具有社会公众接触频率较高、可以即时回复、能够多次转载等特点，有利于决策机关和决策承办单位及时广泛地了解民意并作出反馈。为此，决策机关和有关单位要加大网络平台特别是政务新媒体平台建设力度，推动传统媒体和新兴媒体融合发展，从而增强公开征集意见的普及率和影响力。

（三）关于公布的事项

决策承办单位一般应起草公开征求意见的公告，主要包含以下内容：一是决策草案及起草说明。草案及说明的内容应尽可能详细，必要时还可以一并公布国内外有关情况、调研报告、相关数据等参考材料。二是对公众提交意见的内容和形式要求。一般情况下，此类要求不应过多过细。三是公众提交意见的途径、方式、起止时间、联系部门和联系方式等。此类要求应当以便于公众联系和提出意见为原则。除了公民个人可以提出意见，人民团体、企事业单位也可以提出意见。

（四）关于公开征求意见的时间

为了让社会公众有充分时间提出意见建议，条例规定公开征求意见的期限一般不少于 30 日。这里的 30 日，是指 30 个自然日。为此，决策承办单位在拟订决策草案伊始就要做好计划，提前预留公开征集意见的时间和研究公众意见的时间，尽量避免因时间不足走过场式地公开征求意见。因情况紧急等原因，确需缩短期限至 30 日以内的，决策承办单位在公开征求意见时应当说明缩短时间的原因。

二、关于对特殊问题进行解释说明

实践中，一些关系国计民生的重大项目常常因当地群众不了解、不理解、不支持而引发群体性事件，导致项目无法落地或者匆匆下马。针对这种情况，本条第二款规定，对于社会公众普遍关心或者专业性、技术性较强的问题，决策承办单位可以通过专家访谈等方式进行解释说明。这样做可以提高公众对决策的理解程度，增强公众参与实效，争取人民群众对决策的信任和支持。

除专家访谈外，决策承办单位还可以采取举例说明、模型展示、在线答疑等方式，解答社会公众普遍关心的问题。此外，在听取意见过程中，要做好舆情监测和舆论引导工作。对社会关注度高的决策事项，要及时公开相关信息，以社会公众便于理解的方式进行解释说明。

第十六条 决策事项直接涉及公民、法人、其他组织切身利益或者存在较大分歧的，可以召开听证会。法律、法规、规章对召开听证会另有规定的，依照其规定。

决策承办单位或者组织听证会的其他单位应当提前公布决策草案及其说明等材料，明确听证时间、地点等信息。

需要遴选听证参加人的，决策承办单位或者组织听证会的其他单位应当提前公布听证参加人遴选办法，公平公开组织遴选，保证相关各方都有代表参加听证会。听证参加人名单应当提前向社会公布。听证会材料应当于召开听证会7日前送达听证参加人。

释　义

本条是关于听证会及其准备程序的规定。行政听证制度是民主制度在行政法领域的重要标志之一，国家通过法律手段赋予行政相对人充分表达自己的意见和要求的权利。相对于座谈会而言，听证会更为正式，具有对抗辩论的特点。在重大行政决策过程中，承办单位或者组织者通过听取不同立场各方的陈述、质证和辩论，可以充分挖掘信息、聚焦问题、寻求共识，有助于提高社会公众对重大行政决策的认可，这既是决策民主化、科学化的保障，也是建设法治政府的必然要求。

在我国，自《行政处罚法》首次规定听证制度以来，听证制度迅速发展起来。《立法法》《行政许可法》《价格法》《城乡规划法》等法律都规定了听证制度。尽管当时《价格法》等规定了特定领域的重大行政决策听证制度，但还缺乏对重大行政决策听证制度的总体性规定。2004 年出台的《全面推进依法行政实施纲要》弥补了这一缺陷，该纲要规定："社会涉及面广、与人民群众利益密切相关的决策事项，应当向社会公布，或者通过举行座谈会、听证会、论证会等形式广泛听取意见。"之后，

2008年出台的《国务院关于加强市县政府依法行政的决定》就“推行重大行政决策听证制度”提出具体要求：“要扩大听证范围，法律、法规、规章规定应当听证以及涉及重大公共利益和群众切身利益的决策事项，都要进行听证。”

一段时间以来，我国的行政决策听证程序规则主要是由各地方政府、国务院部门自行制定的，所以容易造成不同地方、不同部门、不同决策领域甚至相同决策领域实行不同的行政决策听证程序规则，还容易带来法律之间的冲突。也有一些地方因为重视程度不高，缺乏对决策听证制度的系统性规定，什么情况下召开听证会、如何选择听证代表、如何保证听证效果，这些关键问题都没有得到很好的解决。为了解决上述问题，《条例》规定了重大行政决策的听证会制度。

本条分为三款，第一款规定了听证会的适用范围，第二款规定了发布听证公告，第三款规定了遴选听证参加人。

一、听证会的适用范围

听证会并非重大行政决策的必经程序。公众参与重大行政决策的方式是多种多样的，听证会是一种正式的听取公众意见的方式，但如果能够通过征求公众意见的方式让公众参与到决策过程中来，那就不一定必须采取听证会的方式。因为听证制度固然有优点，但将所有重大行政决策都付诸听证，也会发生过犹不及的问题。如美国，正式听证的适用远不如非正式听证，范围很小，仅限于涉及行政相对人重大权益，法律规定必须根据听证记录作决定时才适用。

《条例》明确规定了重大行政决策听证会的适用范围，一是决策事项直接涉及公民、法人、其他组织切身利益的。以决策事项是否直接涉及公民、法人、其他组织的切身利益为条件，而不是以决策事项涉及重大公共利益或决策事项影响范围很大为条件，这是需要注意的地方。例如，某项决策事关对某几户居民的拆迁，虽然影响面不大，但由于直接涉及公民的切身利益，决策机关就可以召开听证会。二是存在较大分歧的。这是指公众对决策方案有较大分歧，也就是说公众对政府的决策方案的部分内容或者全部内容明确反对或者不赞成。从字面来理解，本条应理解为符合两项条件之一的就可以举行听证。

重大行政决策事项作为政府外部管理事务，一般而言都会对特定范围的公民、法人、其他组织有直接利害关系。本条规定结合当前开展决策听证的实际，对听证会不作硬性要求。是否召开听证会，由行政机关酌定。

为了与法律、法规、规章相衔接，本款还规定了："法律、法规、规章对召开听证会另有规定的，依照其规定。"例如，法律、法规、规章对召开听证会的条件有其他规定，依照其规定。法律、法规、规章明确要求应当召开听证会，而非可以召开听证会的，也依照其规定。如《价格法》第二十三条规定："制定关系群众切身利益的公用事业价格、公益性服务价格、自然垄断经营的商品价格等政府指导价、政府定价，应当建立听证会制度，由政府价格主管部门主持，征求消费者、经营者和有关方面的意见，论证其必要性、可行性。"

二、发布听证公告

举行听证会首先要发布听证公告，使社会公众了解听证会有关信息，为公众报名参加听证会提供指引。发布听证公告是听证公开原则的具体体现，实现听证公开首先要完善听证公告制度。

（一）听证公告的发布主体

听证公告既可以由决策承办单位发布，也可以由组织听证会的其他单位发布。为了使听证会更加公开、公平、公正，全面客观地听取行政机关、行政相对人及其他公民、法人、社会组织的意见，该款明确听证会不仅能由决策承办单位组织召开，也可以由其他单位组织召开。实践中，除决策承办单位外，有的地方政府办公厅（室）或者其他综合性部门也负责或者参与征求公众意见、组织召开听证会。

（二）听证公告的内容

完善听证公告制度，应当明确听证公告的必备内容。一般而言，听证公告应当写明拟听证的事项、主要内容及其简要说明、举行听证会的时间和地点、听证会的组织单位、听证参加人的组成和产生方式、报名参加听证会的条件和方式等信息。同时，应当将决策草案及其说明等材料作为附件一并公布，使听证参加人尽可能获取更多信息。

（三）发布听证公告的时间

关于提前多久发布听证公告，各地各部门的做法并不一致，有的是在听证会举行前 30 日，有的是 15 日，有的是10个工作日，等等。听证公告的发布时间与听证会的召开时间究竟相距多远，目前还没有形成统一做法，取决于听证事项的重要性、复杂性和专业性，也取决于听证事项的社会关注度以及是否存在重大分歧等情况。听证机关需要尽可能留出充分的时间，方便社会公众和有关方面更好地搜集、整理和分析资料，从而更加高效地参与听证活动。

（四）发布听证公告的途径

组织听证的单位应当采取线上线下多种方式发布听证公告。一是通过政府网站、政务新媒体以及报刊、广播、电视、政府公告栏等便于社会公众知晓的途径发布公告。二是根据听证事项的内容，将公告有针对性地发给企事业单位、人民团体、其他社会组织以及公民个人。

三、遴选听证参加人

通过什么方式，让什么样的人参加听证，是听证制度的关键内容。要想使听证会取得实效，必须挑选出覆盖面广、代表性强、比例均衡、熟悉相关问题的听证参加人。

（一）确定是否需要遴选听证参加人

考虑到一些决策事项公众参与的积极性不高，有时甚至会出现无人报名参加听证会的冷场现象，因此，本条没有规定听证会一律都要遴选参加人，而是由决策承办单位或者组织召开听证会的其他单位根据需要自行确定。在发布听证公告前，上述单位需要提前预判决策事项是否已成为社会热点问题、可能的参与人数等情况，综合确定是否需要遴选听证参加人。认为需要遴选的，应当同时公布听证参加人遴选办法。发布听证公告时未明确是否需要遴选听证参加人，由于报名人数较多需要遴选的，应当及时公布遴选办法、组织遴选。

（二）制定听证参加人遴选办法

重大行政决策往往涉及的公众利益范围广泛，不可能所有利害相关人和希望参与听证会的人都能够参会。这就需要通过适当方式遴选听证代表。在制定听证参加人遴选办法时，听证申请人的范围是需要重点考虑的内容。在一些地方的实践中，参加听证的主体范围还比较狭窄，仅限于当事人或者直接利害关系人，不利于充分保护公众利益。要适当扩大听证申请人的范围，凡是与听证事项有利害关系的公民、法人和其他组织，都可以申请参加听证会；所有可能受到决策影响的群体，都应当有自己的代表参加听证会。

（三）科学合理地确定听证参加人

《条例》规定要“公平公开组织遴选，保证相关各方都有代表参加听证会”。具体而言，要保证遴选出的听证参加人真正具有“代表”性，决策承办单位或者组织听证会的其他单位应当根据听证事项的性质、复杂程度及影响范围，确定、分配听证代表名额，科学合理地遴选听证代表，特别需要注重听取可能因决策实施而受到不利影响的社会公众的意见，并事先公布代表名单。

（四）提前将有关材料送达听证参加人

实践中，一些听证组织单位搞“突然袭击”，在会上发放听证材料。听证参加人没有足够的时间认真阅读研究听证材料，自然就难以有针对性地发表有价值的意见和建议。为了保证听证参加人在充分了解相关信息的基础上有效发表意见，《条例》对听证会材料提前送达也提出了明确要求，规定“听证会材料应当于召开听证会7日前送达听证参加人”。

第十七条 听证会应当按照下列程序公开举行：

（一）决策承办单位介绍决策草案、依据和有关情况；

（二）听证参加人陈述意见，进行询问、质证和辩论，必要时可以由决策承办单位或者有关专家进行解释说明；

（三）听证参加人确认听证会记录并签字。

释　义

本条是关于重大行政决策听证会有关程序的规定。

重大行政决策听证会应当公开举行。公开、透明是重大行政决策听证制度的本质要求。在重大行政决策听证过程中贯彻公开原则，有利于增强行政决策的透明度，避免暗箱操作，便于公众监督，有效防止行政权力的滥用，促进重大行政决策更加公正。《条例》规定了重大行政决策听证会举行时的具体程序。

一是由决策承办单位介绍有关情况。重大行政决策听证会开始时，决策承办单位要向听证参加人初步介绍本次听证会涉及的有关情况，以使听证参加人充分了解相关情况，便于在之后的程序中更好地提出自己的意见。决策承办单位首先需要介绍决策草案及依据，这是举行听证会听取意见的主要内容。决策承办单位不仅要介绍决策草案本身的内容，还需要介绍起草决策草案的法律法规依据、政策依据和文件依据等，以便听证参加人知晓作出决策的根据。决策承办单位还需要介绍其他有关情况，例如决策草案听取公众意见的情况、专家论证的意见、风险评估的结论等。这些都有助于为听证参加人提供各方面参考。此外，还可以介绍本次听证会的有关情况，包括听证参加人情况、听证会规则和纪律等。

二是听证参加人发表意见以及质证和辩论。这是重大行政决策听证的核心程序。决策承办单位一方面要保证听证参加人有充分的发言时间来表达自己的意见，另一方面因听证会要实现程序紧凑并保证有效参与，决策承办单位还应当对发言时间予以控制，促使听证参加人紧紧围绕听证内容陈述自己的观点和意见。一般而言，每个听证参加人的发言时间为5—20分钟。并且，决策承办单位应当对听证参加人偏离听证内容的发言予以制止，对提出的无关证据可以拒绝接收。

听证会上应当允许询问、质证和辩论。听证区别于听取公众意见的一个重要的特征就在于听证不是只听取单方面的意见，而是形成一种交互性、质证性的意见交流和观点碰撞。通过安排代表不同意见的听证参加人来参加听证会，赋予其平等的发言权利、询问权利以及互相质证、辩论的权利，可以形成不同意见的交锋，使决策承办单位更全面地了解真实情况，这是听证会的重要目的。当涉及一些专业性较强的内容时，可以由专家来进行解释说明，当涉及一些政策性较强、难以理解的内容时，可以由决策承办单位对决策的考虑进行解释说明。

三是听证会记录的确认。听证会的工作人员应当做好听证会的记录，听证参加人在听证会结束后可以查阅听证记录，并修改本人的发言记录。听证参加人确认听证会记录后应当签字。

第十八条　决策承办单位应当对社会各方面提出的意见进行归纳整理、研究论证，充分采纳合理意见，完善决策草案。

释　义

本条是关于决策承办单位听取公众意见后如何开展后续工作的规定。

实践中，许多决策承办单位已经能做到通过多种方式听取公众意见。但是听取意见的效果好不好，能否将社会公众的真知灼见全面如实地反映到决策草案中，各地的情况则大不相同。目前，一些决策承办单位在听取公众意见过程中仍存在形式化、走过场的问题。听取公众意见后，往往没有及时认真分析思考，导致出现“你说你的，我定我的”的情况。

为了解决这种问题，更加充分地发挥公众参与的实效，本条对决策承办单位听取意见后如何开展工作提出了要求。首先，决策承办单位要对社会各方面提出的意见进行归纳整理，找出公众关切的核心问题。其次，要围绕核心问题，对多种意见建议进行研究论证，合理的意见要充分采纳，合法的诉求要切实推动解决，有重大分歧的问题要深入研究论证、反复协商协调。最后，要将听取公众意见的有关情况写入决策草案。公众意见较多时，可以制作听取公众意见的情况报告，作为决策草案的附件。对于在互联网上公开征集意见的，可以引入大数据等科技手段对公众意见和网络舆情进行分析，研判处理有关情况。

此外，要积极探索反馈公众意见建议的方式方法。实践中，听取公众意见“有参与、无反馈”的问题十分普遍，有时会严重挫伤社会公众参与重大行政决策的积极性，导致有的决策遇冷甚至“无人问津”。为了改变这种情况，鼓励决策承办单位在条件允许的情况下，积极探索反馈公众意见的方式方法，逐步建立起行政机关与社会公众之间的良性沟通机制。对于座谈会、听证会、实地调研中获得的意见建议，能够当面反馈的应当及时反馈，不能当面反馈的事后可以通过电话、信函等方式沟通联系。对于书面征求意见、公开征求意见时收集的意见建议，可以通过书面单独回复或者统一公开回复的方式进行反馈。

第三节　专家论证

本节是关于专家论证程序的有关规定。为充分发挥专家论证对于促进决策科学性的重要作用，本节主要对论证的内容、论证的方式等内容作了规定。同时，为了避免决策机关一时无法找到合适的专家的情形，本节对建立专家库制度作了相关规定。

第十九条　对专业性、技术性较强的决策事项，决策承办单位应当组织专家、专业机构论证其必要性、可行性、科学性等，并提供必要保障。

专家、专业机构应当独立开展论证工作，客观、公正、科学地提出论证意见，并对所知悉的国家秘密、商业秘密、个人隐私依法履行保密义务；提供书面论证意见的，应当署名、盖章。

释 义

本条是关于专家论证范围和工作要求的规定。

如果说公众参与解决的是重大行政决策的民主性问题，那么专家论证则解决重大行政决策的科学性问题。行政机关工作人员由于其自身知识结构的局限性，对重大行政决策中的专业性、技术性问题了解不够深入、全面，这就必须借助“外脑”专家的帮助与支持。专家论证制度在重大行政决策程序中的重要意义已经成为中央、地方实践中的共识。在中央层面，2015 年中共中央、国务院印发的《法治政府建设实施纲要（2015－2020 年）》明确要求：“加强中国特色新型智库建设，建立行政决策咨询论证专家库。对专业性、技术性较强的决策事项，应当组织专家、专业机构进行论证。选择论证专家要注重专业性、代表性、均衡性，支持其独立开展工作，逐步实行专家信息和论证意见公开。”在地方层面，各地普遍对专家论证程序作了规定，例如《青海省人民政府重大行政决策程序规定》第十四条规定，涉及全省经济社会发展的决策事项以及专业性、技术性较强的决策事项，应当组织专家、专业服务机构进行必要性和可行性论证。

为提高重大行政决策的效率和专家论证程序的针对性、实效性，避免专家论证程序空泛化、形式化，《条例》对专家论证的范围和工作要求进行了相应规定。

一、专家论证的范围

重大行政决策是各级政府履行法定职责的重要工作环节，不仅要注重提高重大行政决策质量，也要注重提升重大行政决策的效率。因此，专业性、技术性较强的决策事项应当进行专家论证，而其他的一般性决策事项，无需进行专家论证。如何确定哪些属于专业性、技术性较强的决策事项，一般应当把握以下原则：一是决策事项包含行政机关工作人员不熟悉、不掌握的专业性、技术性问题；二是涉及的专业性、技术性事项对重大行政决策的执行效果具有一定影响，即重大行政决策能否顺利落地、能否产生预期效果在一定程度上取决于该专业性、技术性事项的决定；三是通过引入专家论证程序，可以解决这一专业性、技术性问题，获得较为权威、可信、具有说服力的结论。需要注意的是，针对决策事项中疑难的法律专业问题，同样可以引入专家论证程序，为合法性审查环节提供专业参考。

就专家论证的内容，《条例》规定“论证其必要性、可行性、科学性等”。其中，必要性是指决策事项是否为达到一定政策目标所需的条件或者因素，专家论证决策事项的必要性就是要回答决策事项涉及的范围、强度、方式方法是否为达到政策目标所必需，是否还有其他对社会和人民群众影响更小、效果更好的路径。可行性是指决策事项是否具备可以实施的特性，也就是决策事项在特定的环境下是否具备落地、执行的条件。科学性是指决策事项是否符合科学规律，具备充分的科学依据和支撑。

同时，《条例》还规定为专家论证“提供必要保障”，这包括保证必要的论证时间、提供必需的背景情况等，要防止专家论证“走过场”从而损害专家论证结论的权威性和可信性。必要保障至少包含以下几点：一是向专家提供充分的论证材料。专家虽然对某些专业性、技术性问题具备深厚的理论功底和实践经验，但是就论证的具体决策事项可能缺乏必要的认知，因此决策承办单位要向专家提供充分的材料，阐明论证的对象、论证的具体问题和论证所需要的其他背景材料。二是为专家留出足够的研究时间。决策承办单位应当根据论证内容的特点，提前将材料发给专家，为专家留出足够的研究时间。当然，提前发放论证材料必须要妥善处理好专家、专业机构的保密问题。对于重大、敏感的决策事项，可以与专家、专业机构签订保密协议，或者邀请专家、专业机构进行一段时间的集中、封闭论证，从而避免泄密。三是为专家、专业机构提供其他必要的论证条件。为了确保专家论证的准确性，部分论证事项可能需要专家进行实地调研或者查阅相关材料，决策承办单位应当按照有关规定，为专家、专业机构提供相应的便利。

二、专家论证的工作要求

《条例》对专家、专业机构的论证行为也提出了相应的要求，包括实质要求和形式要求。

实质要求可以分为专业要求和保密要求。专业要求是指，《条例》所规定的“专家、专业机构应当独立开展论证工作，客观、公正、科学地提出论证意见”。专家论证应当具备独立性，不能以决策机关的意见为指挥棒、成为决策机关的“影子”，所有的论证行为均应当以事实为依据、以科学规律为指导，不能受到其他无关因素的干扰。保密要求是指，《条例》所规定的专家、专业机构“对所知悉的国家秘密、商业秘密、个人隐私依法履行保密义务”。决策事项中的涉密信息应当严格按照有关规定进行管理，因此决策承办单位应当提前通过对参与论证的专家和专业机构进行保密培训、签订保密协议、严格保管涉密材料等方式明确相关要求，确保专家论证过程不泄密。

形式要求是指，《条例》规定，提供书面论证意见的，应当署名、盖章。参与论证的专家、专业机构原则上均应当提供书面论证意见，即使是论证会上的口头意见，也应当以现场记录、会后提供意见等适当方式对意见进行记录、固定，并通过署名、盖章的形式，由出具意见的专家、专业机构对意见进行确认。

第二十条　决策承办单位组织专家论证，可以采取论证会、书面咨询、委托咨询论证等方式。选择专家、专业机构参与论证，应当坚持专业性、代表性和中立性，注重选择持不同意见的专家、专业机构，不得选择与决策事项有直接利害关系的专家、专业机构。

释 义

本条是关于专家论证方式和专家选择的规定。

实践中，专家论证的公信力是社会公众十分关心、关注的。由于对重大行政决策中的专业性、技术性问题的认识不足，对于其中可能对其自身生产生活、权利义务造成影响的决策事项，部分社会公众容易产生抵触心理，甚至恐慌情绪。专家论证的一个重要目的，就是要通过科学、合理、独立的论证，不断完善重大行政决策的方案，将决策事项对社会公众的影响降到最低，从而缓解社会公众对决策事项的抵触和恐慌。决策承办单位必须严格把握专家论证的方式和专家的选择，确保“专业的人做专业的事”，从源头上避免专家变为社会公众眼中的“砖家”，从而损害专家论证程序的权威性和公信力。

一、专家论证的方式

《条例》规定，“决策承办单位组织专家论证，可以采取论证会、书面咨询、委托咨询论证等方式”。专家论证方式主要包括两大类：第一类是决策承办单位自行组织专家开展论证，由决策承办单位根据相关领域情况，自行选择适格的专家、专家机构开展论证。第二类是委托咨询论证，即决策承办单位将专家论证程序委托给对决策事项所涉及的专业性、技术性领域更为熟悉的第三方机构具体承办。这两大类决策方式因为适用的情形不同，相关注意事项也有差异。

（一）自行组织专家论证

决策承办单位自行组织专家论证可以采取论证会和书面咨询两种方式。具体而言，论证会是指决策承办单位邀请专家通过会议形式对有关问题听取意见。采取论证会方式需要注意以下几个问题：一是提前将论证相关材料送给专家，留出充分的研究时间，这一点在第十九条关于“必要保障”的释义中已作了分析；二是要确保与会专家在论证会上充分表达自己的观点，论证会上专家的发言可能比较集中，形成意见的交锋，也可能意见比较分散，论证会主持人可以适当把握议程和发言顺序，要确保与会专家充分表达自己的意见；三是做好会议记录，相关意见整理后要经专家署名确认，供决策参考。书面咨询是指决策承办单位书面向有关专家征求意见的方式。采取书面咨询方式需要注意以下几个问题：一是咨询函中要明确论证问题和相关背景材料，并列名联系人，避免因对论证问题表达不清而影响论证效果；二是要严格做好涉密材料管理工作，如果论证事项存在涉密信息，可由专人负责送、取材料，并要求专家回复意见时连同涉密材料一并退回；三是书面咨询应当留给专家充分的研究时间，除请专家提交正式意见外，可以适当附上必要的支撑材料，以确保论证的科学性和有效性，更好地为决策提供参考。

（二）委托咨询论证

采取委托咨询论证的方式需要注意以下问题：一是在受托机构的选择上，应当选择在拟论证事项相关领域具有专业性、代表性的机构，具备组织论证的资源和能力，要特别确保受托机构的中立性，不得与拟决策事项存在直接利害关系；二是受托机构应当严格按照《条例》的有关规定和决策承办单位的有关要求组织咨询论证，客观、如实反馈论证意见；三是决策承办单位要对受托机构的组织论证行为进行必要的监督，例如决策承办单位在论证材料管理、论证意见采集等环节派员参与，确保论证过程和论证结果的权威性、科学性，但是不能对论证结果进行干预。

二、专家的选择

专家论证能否切实发挥提高重大行政决策科学性的

作用，在很大程度上取决于专家的选择。可以说，专家选择得好，论证结果的可信度和可靠性就高，专家选择得不好，论证结果就难以使人信服。因此，《条例》规定，选择专家、专业机构参与论证，应当坚持专业性、代表性和中立性，注重选择持不同意见的专家、专业机构，不得选择与决策事项有直接利害关系的专家、专业机构。

（一）专业性

专家论证制度的主要作用就是要解决重大行政决策中的专业性、技术性难题，这便要求参与论证的专家必须在论证事项的相关领域具备一定的专业和技术水平，有一定的声誉和影响力。所谓“隔行如隔山”，越是前沿、疑难的专业性、技术性问题，专家自身的专业特长越有局限性，因为专家对于相同专业领域中不同方向的问题，往往也会因为没有作过深入研究而没有发言权。因此，把好专业性这一关，是专家论证结果权威、科学的必要条件。

（二）代表性

专家论证不能搞“一团和气”，不同观点形成交锋，往往可以使“真理越辩越明”。《条例》规定，注重选择持不同意见的专家、专业机构。这就是要保证专家的代表性，使具备不同专业背景、专业观点的专家均能参与论证，为决策机关和决策承办单位提供全方位、多角度的决策参考，为最终的决策奠定专业性和技术性基础。专家代表性是各国专家咨询制度实践的共识。例如，美国1972年通过的《联邦咨询委员会法》中明确规定，联邦咨询委员会专家的组成要具有“平衡性”，以确保不同学科知识背景的专家都能参加，进而在最大程度上保证论证结果的科学性。

（三）中立性

前文中提到，专家论证应当以事实为依据、以科学规律为指导，不能受到其他无关因素的干扰。《条例》规定“不得选择与决策事项有直接利害关系的专家、专业机构”就是要求参与论证的专家和专业机构是中立的。所谓“屁股决定脑袋”，如果参与论证的专家或者专业机构与决策结果存在直接的利害关系，很难保证论证结果的公正性和科学性。值得注意的是，考虑到部分专业领域专家选择的局限性，《条例》并没有禁止所有与决策事项存在利害关系的专家、专业机构参与论证，而是限定在“直接利害关系”。“直接利害关系”是指，决策事项直接对参与论证的专家、专业机构权利义务产生实质影响。例如，在某市场监管事项的重大决策中，某位拟参与论证的专家就是被监管对象的实际控制人，这就很难保证论证结果的科学性。当然，虽然《条例》对“直接利害关系”以外的其他利害关系没有作出禁止性规定，但是其他利害关系仍然有可能影响论证结果的中立性，同样需要引起关注，例如，参与论证的专家、专业机构在重大行政决策相关领域具有成果转化项目，或者接受过重大行政决策相关领域市场主体的委托从事有关的研究或者论证工作等。实践中，有的单位通过请专家、专业机构签订“中立性声明”，承诺自身立场的中立性，对专家、专业机构形成一定的制约。

第二十一条 省、自治区、直辖市人民政府应当建立决策咨询论证专家库，规范专家库运行管理制度，健全专家诚信考核和退出机制。

市、县级人民政府可以根据需要建立决策咨询论证专家库。

决策机关没有建立决策咨询论证专家库的，可以使用上级行政机关的专家库。

释　义

本条是关于决策咨询专家库制度的规定。

为了提高决策机关在专家选择时的有效性、针对性，加强决策咨询论证专家的管理，《条例》要求“省、自治区、直辖市人民政府应当建立决策咨询论证专家库，规范专家库运行管理制度，健全专家诚信考核和退出机制。”同时，考虑到决策咨询专家库的建立、管理、考核等运行成本比较高，建立得过多、过泛可能导致专家库使用率低下，造成资源浪费，《条例》对市、县级人民政府是否建立决策咨询专家库没有作出硬性要求，而是规定“市、县级人民政府可以根据需要建立”，且“（如果没有建立）可以使用上级行政机关的专家库”。实践中，一些地方已经对成立咨询专家库作出了规定。例如，《苏州市人民政府重大行政决策程序规定》第十三条第一款规定：“重大行政决策实行专家论证制度，市政府按照不同专业领域建立决策咨询专家库。”再如，《广州市重大行政决策程序规定》第十一条第二款规定：“政府应当建立决策咨询专家库。”

决策咨询论证专家库的建立与不断完善，对充分发挥专家论证程序在重大行政决策中的科学支撑作用是非常重要的，主要有以下三点考虑：一是为了“方便找到专家”。行政决策面宽事广，涉及的专业性、技术性问题很多，遇事“现抓”专家往往会“抓瞎”。通过建立常备的专家库，在辖区一定范围内共享运行，可以培育专家队伍、储备各类专家资源。二是为了“找到好的专家”。专家库对入库专家的专业水平和道德品质设置了一定标准和条件，凡是入库的专家因为通过了准入审查，在专业水平和道德品质等方面有一定保证，决策承办单位无需再对专家的专业水平和道德品质作额外的审查，只需要根据专业的相关性作出选择即可。三是为了“留住好专家”。“一锤子买卖”往往难以保证商品的品质。专家库可以在决策机关、决策承办单位和专家之间建立长期的合作关系，避免“一锤子买卖”，增强专家的责任心和荣誉感，从而提高专家论证的质量。

一、专家库的准入机制

专家库的准入机制是确保入库专家具备一定专业水平、道德品质的重要保障，是帮助决策承办单位选择专家的第一道关口。专家库的准入机制应当注重对三个问题的考量。一是专家的专业水平。专家专业水平的高低直接决定了其论证结果的科学性，入库专家应当在相关专业领域具有一定的研究成果、声誉和影响力。二是专家的道德品质。在准入时，对专家的道德品质应当作必要的审查，如果存在学术不端、拒不履行司法裁判等明显的诚信问题，应当拒绝专家入库。三是专家库的建立应当考虑入库专家的代表性，也称作“均衡性”。专家库应当注重扩展入库代表在专业领域、知识背景、专业观点等方面的多样性，这也是为决策承办单位在选择不同意见的专家提供必要的条件和基础。

二、专家库的管理机制

专家库的管理机制主要解决专家库运行过程中存在的问题，提高专家库运行的有效性，主要包括以下几个方面的内容。一是完善专家资料。专家库在运行过程中应当不断完善入库专家的专业信息，关注入库专家的最新研究成果，为决策承办单位实现专家选择的精准化提供必要的条件。二是建立决策承办单位的需求和专家库之间的动态联系。专家库应当是动态的，随着决策承办单位对专家需求的不断增长，专家库也要随之扩张。当然，选择专家可以不局限于专家库，决策承办单位可以根据实践需要，选择专家库之外符合条件的专家。三是专家的诚信考核与退出。《条例》明确规定："健全专家诚信考核和退出机制"，可见专家的诚信问题对专家论证制度的重要性，不诚信的专家难以作出令人民群众信服的科学论证结果。因此，专家库应当主动追踪、考核入库专家的诚信记录，如果其在专家论证、科学研究或者日常生活中发生了严重不诚信行为，应当将其移出专家库。当然，退出机制的启动，诚信问题仅是原因之一，一旦发现入库专家不再具备入库的条件或者能力，就应当启动退出机制，实现专家库的动态管理。

第四节　风险评估

本节是关于风险评估程序的规定。为了促进风险评估发挥实效，本节对风险评估的范围、风险评估的方式、风险评估结果的运用作了全面规定。

第二十二条　**重大行政决策的实施可能对社会稳定、公共安全等方面造成不利影响的，决策承办单位或者负责风险评估工作的其他单位应当组织评估决策草案的风险可控性。**

按照有关规定已对有关风险进行评价、评估的，不作重复评估。

释　义

本条是关于风险评估范围的规定。

随着经济的发展、政府财力的加强，政府决策涉及的范围和影响不断增大，各类风险隐患也随之加大。风险评估是防范决策风险、减少决策失误的重要环节，对于维护改革发展稳定大局至关重要。2010 年国务院印发的《关于加强法治政府建设的意见》规定："完善行政决策风险评估机制。凡是有关经济社会发展和人民群众切身利益的重大政策、重大项目等决策事项，都要进行合法性、合理性、可行性和可控性评估，重点是进行社会稳定、环境、经济等方面的风险评估。"《关于加强法治政府建设的意见》虽然已于 2016 年经国务院清理失效，但是仍能反映出国务院对行政决策中风险评估的重视。2015 年中共中央、国务院印发的《法治政府建设实施纲要（2015－2020 年）》明确要求："提高专家论证和风险评估质量。……落实重大决策社会稳定风险评估机制。"一些地方也出台了有关规定，例如，《重庆市政府重大决策程序规定》第十三条第二款规定："拟订决策备选方案时应当进行风险预测，力求做到决策目标的科学性、明确性、务实性和完整性。"再如，《广州市重大行政决策程序规定》第十条规定："决策起草部门应当就决策草稿进行决策风险评估。决策风险评估可以分类委托有关专门研究机构进行。决策风险评估报告应当视决策需要，对决策草稿进行成本效益分析，对财政经济、社会稳定、环境生态或者法律纠纷等方面的风险作出评估，并相应提出防范、减缓或者化解措施。"

但是，风险评估的实际效果不甚理想。有的地方未把风险评估作为独立的程序，而是用"可行性论证""合法性审查"来代替风险评估；有的地方虽然作了风险评估，但是没有进行实质性的调查和评估工作，风险评估没有达到预期效果。各地反映，评估机构不专业、不中立，评估人才比较匮乏，评估机制不够完善等问题严重制约了风险评估工作的有效推进。

为切实发挥风险评估的作用，也考虑到当前风险评估基础比较薄弱，《条例》对风险评估程序的适用范围作了一定限制，规定"重大行政决策的实施可能对社会稳定、公共安全等方面造成不利影响的，决策承办单位或者负责风险评估工作的其他单位应当组织评估决策草案的风险可控性。”

一、风险评估的范围

考虑到社会稳定和公共安全两类风险是比较容易出问题、各方关注度较高的风险种类，《条例》明确对社会稳定和公共安全方面的风险评估提出要求。当然，《条例》并没有将风险评估仅限于社会稳定和公共安全两个方面。按照“等方面”的规定，各地方各部门可以结合实际需要，对财政经济、法律纠纷等其他类型的风险开展评估。需要注意的是，生态环境影响方面的风险虽然在实践中普遍存在而且广受关注，但是考虑到环境影响评价法、规划环境影响评价条例、建设项目环境保护管理条例等法律法规已对环境影响评价作了明确规定，环保督察的有力开展也极大地促进了环境影响评价的实践，《条例》就没有再作重复规定。同时，为了避免造成程序和资源的浪费，《条例》规定：“按照有关规定已对有关风险进行评价、评估的，不作重复评估。”

二、风险评估的对象

根据《条例》的规定，风险评估的对象是“决策草案的风险可控性”。我们正生活在一个风险社会，任何决策都有一定的风险，特别是重大行政决策更是不可能丝毫没有风险。我们既不能因为害怕承担风险而不决策，也不能因为风险不可避免而盲目决策，无视风险隐患。对决策草案的有关风险进行评估主要有两个目的：一是发现风险隐患，决策承办单位和决策机关应当对决策草案可能引发的各类风险做到心中有数，这是科学决策的重要基础之一；二是有效预防风险，决策承办单位和决策机关不能对风险的发生放任不管，应当提前对各类风险做到充分研判，提出有效的预防和控制风险的措施和方案。

三、风险评估的主体

《条例》规定，"决策承办单位或者负责风险评估工作的其他单位"是开展风险评估工作的主体。决策承办单位根据《条例》第十一条的规定，是指负责拟定重大行政决策草案的单位。《条例》之所以还规定了负责风险评估工作的其他单位，是考虑到实践中一些地方将某些特定风险的评估工作交给专门的机构负责，而不是由决策承办单位负责。例如，一些地方将涉及社会稳定风险的评估工作统一交由社会治安综合治理办公室负责。需要注意的是，虽然开展风险评估工作的主体是决策承办单位或者负责风险评估工作的其他单位，但是根据《条例》第二十四条的规定，判断风险是否可控的主体是决策机关，两者不可混淆。

第二十三条　开展风险评估，可以通过舆情跟踪、重点走访、会商分析等方式，运用定性分析与定量分析等方法，对决策实施的风险进行科学预测、综合研判。

开展风险评估，应当听取有关部门的意见，形成风险评估报告，明确风险点，提出风险防范措施和处置预案。

开展风险评估，可以委托专业机构、社会组织等第三方进行。

释　义

本条是关于风险评估工作机制的规定。

在确定风险评估范围，解决了“评什么”的问题后，接下来就面临“如何评”的问题。实践中，各地方各部门开展风险评估的方式五花八门，而评估效果却不甚理想。《条例》明确对风险评估的工作机制作了规定，就是要规范风险评估方式，提高风险评估质量，充分发挥风险评估在重大行政决策中防控风险的重要作用，避免风险评估“走过场”。

一、风险评估的方式

《条例》规定风险评估可以采取舆情跟踪、重点走访、会商分析等方式进行。一是舆情跟踪。舆情跟踪是指，通过互联网、大数据等信息技术手段，对在一定社会空间内，各类社会主体对某项或者某类特定的决策信息所持的态度进行收集、跟踪和分析。决策承办单位和决策机关可以通过大数据的收集和分析，比较充分地掌握社会公众对于某一项或某一类决策的态度以及相关舆情的走向，从而有针对性地作出反应。舆情跟踪的实施效果取决于对相关舆情大数据的掌握，适用于社会公众密切关注、可能反映强烈的重大行政决策。二是重点走访。重点走访是指，通过走访决策事项直接利害关系人，深入了解相关决策的潜在风险。决策承办单位和决策机关通过重点走访，可以有效深入决策事项的直接利害关系人中，主动了解他们对相关决策的态度、担忧和意见，从而对决策面临的各类风险进行综合研判。但是，由于走访范围、数量的局限性，重点走访难以得到整体、全面的信息，比较适合于涉及面小、利害关系人较为固定的重大行政决策。应当特别注意重点走访中的“重点”二字，走访对象必须是决策事项的直接利害关系人，其自身生产生活、权利义务可能受到决策事项的实质影响。如果是对一般社会主体进行泛泛的访谈，则不能称之为重点走访，也无法达到重点走访的目的。三是会商分析。会商分析是指，通过请决策事项相关部门、专家对决策草案进行研讨，分析决策所面临的各类风险。参与会商的部门、专家以其各自的专业背景和实践经验，在充分了解决策有关信息的情况下，对决策草案可能面临的有关风险进行研判，并提出相应的防范举措，为决策提供参考。当然，在开展风险评估时，可以根据实际需要，综合运用各类评估方式，为决策提供充分的支持。

二、风险评估的方法

《条例》规定风险评估可以运用定性分析与定量分析等方法。其中，定性分析是指，依据预测者的主观判断、分析能力来推断事物的性质和发展趋势的分析方法。定量分析是指，对运用统计调查和实验的方式研究客观事物的方法。两种分析方法各有侧重，定性分析比较依赖于分析者的判断能力和实践经验，不同背景的分析者对同一事物的分析结果可能会有所不同。而定量分析则比较注重对数据和样本的收集和处理，数据和样本收集得越全面，分析结果才越能说明问题。两种评估方法在实践中，可以根据实际需要综合运用，也可以分别运用。

三、风险评估报告的形成

风险评估的成果就是形成风险评估报告，供决策机关参考。《条例》规定："开展风险评估，应当听取有关部门的意见，形成风险评估报告，明确风险点，提出风险防范措施和处置预案。"这一规定明确了形成风险评估报告的过程要求和内容要求。

第一，风险评估过程中应当听取有关部门的意见。由于经验和知识的局限性，单一主体开展风险评估工作难免存在遗漏和疏忽，因此要求评估主体听取有关部门的意见是对风险评估结果的内容补充和质量把关，确保风险评估报告的内容更全面、分析更科学、结论更准确。

第二，风险评估报告应当明确风险点，提出风险防范措施和处置预案。前文提到，风险评估的两个主要目的是发现风险隐患和有效预防风险。作为风险评估的成果，风险评估报告必须对上述两个目的有所反映，既要将决策草案所面临的风险点分析清楚，也要提出行之有效的风险防范措施和处置预案，确保风险可控。

同时，针对实践中决策机关和决策承办单位风险评估力量比较薄弱等问题，《条例》规定开展风险评估可以委托专业机构、社会组织等第三方进行。

第二十四条　风险评估结果应当作为重大行政决策的重要依据。决策机关认为风险可控的，可以作出决策；认为风险不可控的，在采取调整决策草案等措施确保风险可控后，可以作出决策。

释　义

本条是关于风险评估结果运用的规定。

为了充分发挥风险评估在重大行政决策程序中重要作用，避免决策机关忽视决策风险，《条例》规定："风险评估结果应当作为重大行政决策的重要依据。"而且，对决策的风险控制标准要求严格，决策机关只要认为风险不可控，就不能作出决策，只有在采取了调整决策草案等必要的措施确保风险可控后，才可以作出决策。

需要注意的是，关于"风险可控"的标准和判断是由决策机关来确定的。这是因为，风险可控与否需要结合风险点、风险严重程度、防范化解风险的措施等方面综合考量，即使是同一事项，在不同地域、不同时期的结论是不一样的。具体参与风险评估的专家、专业机构、相关部门工作人员，通过评估可以明确风险点、提出风险防范措施和处置预案，但实际上能调动多少资源用来防控风险，需要决策机关进行综合把握和研判。

第三章　合法性审查和集体讨论决定

本章是关于决策合法性审查和集体讨论决定的规定。决策合法性审查小节主要明确了合法性审查为必经程序，明确规定了合法性审查应提交的材料、合法性审查的主要内容和时限要求、合法性审查意见等内容。集体讨论决定小节中主要规定了提交会议讨论需要报送的材料、集体讨论决定的程序等内容。

第一节　合法性审查

合法性审查是依法决策的重要保障。近年来，随着依法行政、依法决策观念的逐渐确立，行政机关作出决策前，将决策事项交由法制机构进行合法性审查，已成为各地区各部门决策实践中的一项重要做法。但由于思维观念、部门利益等原因，合法性审查在具体操作中仍然存在一些问题。一方面，审查范围不确定、效果不平衡。审查事项的范围尚未覆盖政府决策各个领域，对出台规范性文件、订立政府合同的合法性审查做得较好，对重大投资建设项目等领域决策事项的合法性审查还有待加强。另一方面，承担审查职责的力量不足、工作压力较大。实践中，一些地区和部门的领导往往会要求合法性审查部门和人员在进行合法性审查时，只能“开路条”，不能“设关卡”，合法性审查部门往往成为其他部门推卸责任的“挡箭牌”，面临着较大压力。不少地方和部门的法制力量、特别是基层政府和部门的法制力量还十分薄弱，难以承担起日益重要的决策合法性审查工作。

针对实践中的问题，党的十八届四中全会明确提出，健全依法决策机制，把公众参与、专家论证、风险评估、合法性审查、集体讨论决定确定为重大行政决策的法定程序。《法治政府建设实施纲要（2015－2020年）》将加强决策合法性审查作为推进决策法治化的重要举措，要求建立合法性审查机制、加强合法性审查力量。党的十九大报告指出，健全依法决策机制，构建决策科学、执行坚决、监督有力的权力运行机制。《条例》从合法性审查为必经程序、合法性审查材料及时间要求、合法性审查内容、合法性审查意见等方面对重大行政决策的合法性审查程序作出细化规定。

中国特色社会主义进入新时代，在推进国家治理体系和治理能力现代化过程中，将重大行政决策纳入规范化、法治化轨道运行，无疑将有力推进全面依法治国进程，让全社会享受到科学决策、民主决策、依法决策带来的高质量社会治理和发展成果。

第二十五条　决策草案提交决策机关讨论前，应当由负责合法性审查的部门进行合法性审查。不得以征求意见等方式代替合法性审查。

决策草案未经合法性审查或者经审查不合法的，不得提交决策机关讨论。对国家尚无明确规定的探索性改革决策事项，可以明示法律风险，提交决策机关讨论。

释　义

本条是关于合法性审查为重大行政决策必经程序的规定。

一、关于合法性审查作为所有重大行政决策都须遵循的法定必经程序

审查，一般是指对有关情况，按照一定的标准、规则、原则进行审视、检查、核对，得出客观评价，进而采取相应的处理措施。行政决策的合法性审查，就是决策作出之前，从合法性角度进行审查把关的重要程序。从决策流程上看，合法性审查是决策的重要环节；在重要性上，由于合法性审查是依法决策要求的集中体现，决定着决策是否合法合规，因此在《条例》中，合法性审查与集体讨论决定同为所有重大行政决策都须遵循的法定必经程序。

2014 年党的十八届四中全会审议通过的《中共中央关于全面推进依法治国若干重大问题的决定》明确要求："建立行政机关内部重大决策合法性审查机制，未经合法性审查或经审查不合法的，不得提交讨论。"在此基础上，2015 年中共中央、国务院印发的《法治政府建设实施纲要（2015－2020 年）》进一步规定："建立行政机关内部重大决策合法性审查机制，未经合法性审查或经审查不合法的，不得提交讨论"。

合法性审查作为重大行政决策必经程序的要求主要体现在两个方面：

第一，严格把握合法性审查的时间节点，解决好“怎么审”的问题。合法性审查是事前把关程序，将合法性审查作为必经程序的本意是，未经合法性审查或者经审查认为不合法的，不得提交决策机关讨论，无法进入决策程序的下一个环节，无法产生实际的社会效果。因此，进行合法性审查的时间，应当安排在重大行政决策事项提交决策机关集体讨论决定之前。通过重大行政决策合法性审查这一事前把关程序，筑牢“防火墙”。

第二，不得以征求意见等方式代替合法性审查，解决好“什么才算是审”的问题。合法性审查是决策过程中的必经程序，要求参与其中的主体都有履行决策必经程序的共识和行动。实践中存在决策承办单位向合法性审查部门发函就决策草案征求意见、审查部门函复参考意见，或者邀请合法性审查部门参加座谈等非正式活动、审查部门在活动上发表意见等做法，这些做法都不能算履行了合法性审查程序。其中，征求意见与合法性审查的区别主要在于，被征求意见单位提出的意见，征求意见单位可以采纳，也可以不采纳，而合法性审查部门提出的审查意见，决策单位则应当采纳。合法性审查部门参加座谈等非正式活动并发表意见的行为不具有正式性，多为发表个人观点、提供参考意见，因此也不能算履行合法性审查程序。

二、关于负责合法性审查的部门

县级以上地方人民政府作为决策机关，可以确定或指定负责合法性审查的部门。目前，大多数省市县负责合法性审查的部门一般是同级政府的法制工作部门，即司法行政部门，也有少数省市县为本级人民政府确定的其他机构（比如政府办公厅负责合法性审查的机构），具体应根据各个地方政府的实际情况而定。

理论上，负责合法性审查的部门有四种可能的模式：本级人民政府法制工作部门统一进行审查的模式、上级政府的法制工作部门进行审查的模式、决策承办单位的法制机构进行审查的模式、社会中立的独立机构进行审查的模式。模式二中由上级政府的法制工作部门进行审查能够摆脱当地主要领导的制约，具有较强的中立性，但可能存在成本大、效率不高、不了解当地真实情况等问题；模式三可能因为部门利益导致审查的客观中立性不够，不同部门之间审查标准不统一；模式四虽然审查者客观中立，但是不够了解实际情况、效率低。综合来看，模式一最有利于保证合法性审查标准的统一性和审查的客观性。

三、关于国家尚无明确规定的探索性改革决策事项

实践中，有些重大行政决策带有改革探索性质，法律上尚无明文规定加以规范，同时又具有重要的政治、经济和社会意义，决策机关和负责合法性审查的部门不能简单地因为没有法律规定，存在法律风险，就否定决策方案，停止改革探索步伐。

2016 年两会期间，习近平总书记向黑龙江代表团提出的“三个区分开来”要求，进一步明确容错认定的总原则，把因缺乏经验、先行先试出现的失误和错误与明知故犯的违纪违法行为区分开来，把上级尚无明确限制的探索性试验中的错误和失误与上级明令禁止后依然我行我素的违纪违法行为区分开来，把为推动发展的无意过失与为谋取私利的违纪违法行为区分开来，保护好广大干部的干事热情。2017 年 7 月 19 日，习近平总书记主持召开中央全面深化改革领导小组第三十七次会议并发表重要讲话。会议指出，各地要配齐配强各级改革工作力量，加大改革创新在干部考核和提拔任用中的权重，建立健全改革容错纠错机制，形成允许改革有失误但不

允许不改革的鲜明导向。李克强总理在2016年政府工作报告中指出："健全激励机制和容错纠错机制，给改革创新者撑腰鼓劲，让广大干部愿干事、敢干事、能干成事。"

因此，《条例》规定，对于法律尚无明文规定、地方政府拟出台的探索性改革决策事项，负责合法性审查的部门可以综合考量法律风险与决策带来的政治、社会和经济效果，视情明示法律风险，相关决策草案提交决策机关讨论决定。

第二十六条 **送请合法性审查，应当提供决策草案及相关材料，包括有关法律、法规、规章等依据和履行决策法定程序的说明等。提供的材料不符合要求的，负责合法性审查的部门可以退回，或者要求补充。**

送请合法性审查，应当保证必要的审查时间，一般不少于7个工作日。

释　义

本条是关于合法性审查材料及时间要求的规定。

一、关于送请合法性审查提交“有关法律、法规、规章等依据”

实践中，材料不齐全是制约合法性审查部门比较突出的问题之一。根据《条例》第三条的规定，县级以上人民政府拟作出的重大行政决策可能涵盖公共服务、市场监管、社会管理、环境保护等多个领域，相关法律规定繁多且专业性强，如果不报送相关法律、法规、规章等依据，合法性审查部门在有限时间内开展审查工作困难较大。同时，规定决策承办单位提交法律、法规、规章等依据，意味着决策承办单位内部要事先进行合法性论证或初审，从而为依法决策打下良好基础。因此，《条例》规定，送请合法性审查不仅需要提供决策草案，也需要提供有关法律、法规、规章等依据，以提高合法性审查的针对性、有效性和权威性，便于合法性审查部门及时提出合法性审查意见。

二、关于提交“履行决策法定程序的说明”

合法性审查部门难以得知相关决策草案在提交合法性审查之前是否履行了相关法定程序，同时，根据《条例》的规定，公众参与、专家论证、风险评估不是必经程序，符合一定条件可以不履行。因此，为了避免决策承办单位规避相关规定导致决策程序随意，《条例》规定决策承办单位须向合法性审查部门提供“履行决策法定程序的说明”。例如，决策草案履行或者不履行公众参与、专家论证等程序的理由，以便合法性审查部门根据条例及相关法律法规的规定，结合决策承办单位的说明，就能够判断决策草案形成是否履行了法定程序，从而提出程序方面的审查意见。

三、关于审查时间

实践中，审查时间不充分给合法性审查部门造成较大困扰。有的地方反映，一些紧急件只为合法性审查工作预留一两个小时，造成合法性审查只能“走过场”。为保障合法性审查部门有效审查，结合实践需求，《条例》对送审材料及审查时间作了最低限度的原则性规定。具体时间还要与其他法律法规中规定的各类决策事项的办结时间相衔接。

第二十七条 **合法性审查的内容包括：**

（一）决策事项是否符合法定权限；

（二）决策草案的形成是否履行相关法定程序；

（三）决策草案内容是否符合有关法律、法规、规章和国家政策的规定。

释 义

本条是对合法性审查内容的规定。

一、关于决策事项是否符合法定权限

审查决策事项是否符合法定权限，即审查行政决策主体是否适格。行政决策必须是在行政主体法定权限内作出的，必须符合现行法律规定或者得到合法授权，这是依法行政对职权法定的要求。实践中，一些下级行政机关越权决策、地方政府越权决策或者政府部门之间越权决策等情况较多，决策主体滥用职权进行违法决策的情形也时有发生，因此对决策权限、职能是否合法进行审查十分必要。《地方各级人民代表大会和地方各级人民政府组织法》第五十五条第三款规定“地方各级人民政府必须依法行使行政职权”，第五十九条列举了县级以上地方各级人民政府行使的职权，包括执行国民经济和社会发展计划、预算，管理本行政区域内的经济、教育、科学、文化、卫生、体育事业、环境和资源保护、城乡建设事业和财政、民政、公安、民族事务、司法行政、监察、计划生育等行政工作，等等。各级人民政府的职责还散见于多部单行法律法规中。按照《法治政府建设实施纲要（2015－2020年）》《中共中央办公厅、国务院办公厅关于推行地方各级政府工作部门权力清单制度的指导意见》等文件的部署，省市县三级政府已公布政府工作部门、依法承担行政职能的事业单位权力清单，列明了各项权责事项、类型、依据、行使主体等。合法性审查部门应当根据报送的相关材料和有关法律法规规定，审查决策事项是否符合决策机关的法定权限。

二、关于决策草案的形成是否履行相关法定程序

合法性审查部门需根据履行决策法定程序的说明、结合相关法律规定，判断决策草案是否履行了相关法定程序。法定程序既包括本条例所规定的程序，也包括有关单行法律法规规定的程序。如果在合法性审查中发现应履行而未履行公众参与、专家论证和风险评估等程序的，负责合法性审查的部门在审查意见中建议决策承办单位补充履行相关程序。

三、关于决策草案内容是否符合有关法律、法规、规章和国家政策的规定

合法性审查的内容还包括审查行政决策是否符合法律、法规、规章和国家政策的规定，是否符合法定的自由裁量的要求，是否符合法律原则。相关法律原则包括依法行政原则、信赖保护原则、比例原则、尊重和保护人权原则等。例如，根据环境法律法规的规定，某一景点是不可以开设高尔夫球场的，但某地方人民政府规划部门提出在该景点建设高尔夫球场的决策草案，合法性审查部门认为该决策与环境法律法规的规定相悖，是实体上违法的决策，应当提出否定的法律意见，即不合法的审查意见。

第二十八条　**负责合法性审查的部门应当及时提出合法性审查意见，并对合法性审查意见负责。在合法性审查过程中，应当组织法律顾问、公职律师提出法律意见。决策承办单位根据合法性审查意见进行必要的调整或者补充。**

释　义

一、关于合法性审查意见

负责合法性审查的部门要根据不同情形，及时明确地提出合法、不合法、应当予以修改的书面审查意见，而不能不予回应、拖延回应，或者作出回应但是语焉不详、含糊其辞。第一，在决策草案既符合相关法律、法规、规章的实体性规定，又符合其程序性规定的情况下，负责合法性审查的部门应当作出决策合法的审查意见。第二，在决策草案不符合相关法律、法规、规章的实体性规定或者程序性规定的情况下，负责合法性审查的部门应当作出决策不合法的审查意见。合法性审查制度的初衷主要在于强调对错误决策的预防性纠正，而不是一味地否决决策草案。因此，经审查认为不属于决策机关法定职权范围的，合法性审查部门建议不决策或者按照规定提请有权机关进行审批或者依法授权；经审查认为未履行法定程序或者履行程序不符合规定的，建议补正或者重新履行相关程序；经审查认为决策草案不符合有关法律、法规、规章及国家政策规定的，建议进行修改调整。

二、关于合法性审查意见的效果

合法性审查被确定为重大行政决策的必经程序，那就应当赋予其必要的法律效果，否则决策承办单位和决策机关就容易无视合法性审查结论而“带病”上会甚至“带病”出台。合法性审查意见的法律效果，体现在经审查不合法的不得提交决策机关讨论，体现在决策承办单位根据合法性审查意见进行必要的调整或者补充。《条例》明确要求决策承办单位根据合法性审查意见进行必要的调整或者补充，包括未按规定履行相关程序的应当补充履行，决策草案内容不合法的应当作出调整，等等。

三、关于合法性审查部门承担的责任

在行政决策的链条上，参与决策过程的每个主体都负有相应的责任。规范这些部门的行为，促使其履行义务并承担履职不到位的不利后果，有助于各个主体依法行政，共同形成推进决策法治化的强大合力。因此，不能因为合法性审查部门不是最终决策决定部门，就忽视了对其责任的规定和追究。《条例》第三十九条规定，决策承办单位或者承担决策有关工作的单位未按照本条例规定履行决策程序或者履行决策程序时失职渎职、弄虚作假的，由决策机关责令改正，对负有责任的领导人员和直接责任人员依法追究责任。“承担决策有关工作的单位”包括负责合法性审查的部门，即合法性审查部门未按照本条例规定履行决策程序或者履行决策程序时失职渎职、弄虚作假的，负有责任的领导人员和直接责任人员将被依法追究责任，包括行政处分甚至刑事责任。

审查过程受干扰、难硬气，是以往地方政府合法性审查工作中的突出问题之一，有些决策承办单位、政府领导人员规避合法性审查意见，使之成为一纸空文，或者通过多种方式干预合法性审查工作，要求审查把关只能“开路条”，不能“设关卡”。在《条例》“经审查不合法的，不得提交决策机关讨论”的要求下，这种现象在一些地方可能会更加凸显。解决这样的问题，既需要领导干部、决策承办单位适应法治建设的新形势，自觉做到不干预合法性审查、尊重合法性审查意见，也需要合法性审查部门在工作中敢于坚持原则、勇于“开口说不”，并注意就重大行政决策中存在的问题与决策承办单位和决策机关多沟通，多讲解法律规定、多讲解行政决策违法的后果，以促进双方的理解和支持，避免不敢或者不愿出具否定性意见造成合法性审查走过场，也避免对非原则性问题一味地否决，以示合法性审查部门的权威甚至个人的特权。出具的合法性审查意见，应当只作为政府内部信息，有关单位或者个人不得向外泄露，对于涉密的重大决策事项，参与合法性审查的工作人员应严格遵守保密纪律。只有这样，合法性审查工作才能做实、做细、做好、做出成效。

四、关于法律顾问、公职律师提出法律意见

《条例》将合法性审查规定为必经程序，合法性审查部门可能会需要较大的人力成本投入这项工作。为此，

《条例》注重调动和发挥政府法律顾问、公职律师的作用，以分担压力、充实力量，更好地完成合法性审查工作。《中共中央关于全面推进依法治国若干重大问题的决定》要求："积极推行政府法律顾问制度，建立政府法制机构人员为主体、吸收专家和律师参加的法律顾问队伍，保证法律顾问在制定重大行政决策、推进依法行政中发挥积极作用。"《关于推行法律顾问制度和公职律师公司律师制度的意见》规定，"建立以党内法规工作机构、政府法制机构人员为主体，吸收法学专家和律师参加的法律顾问队伍""党政机关内部专门从事法律事务的工作人员和机关外聘的法学专家、律师，可以担任法律顾问""党内法规工作机构、政府法制机构以集体名义发挥法律顾问作用"，并规定党政机关法律顾问履行为重大决策、重大行政行为提供法律意见等职责，公职律师履行党政机关法律顾问承担的职责，可以受所在单位委托，代表所在单位从事律师法律服务。

做好合法性审查工作，工作人员的法治素养要达标，既要有广博深厚的法律知识素养，也要具备行政管理基本知识经验。为了确保合法性审查工作"不缺人"，相关部门应当建立专项培训制度，根据合法性审查岗位特点，对政府和部门从事合法性审查工作的人员进行岗位轮训，有针对性地学习合法性审查专业知识和技能，倾力打造一支专业过硬的合法性审查专业人才队伍，不断推动合法性审查工作规范化建设向基层政府和部门延伸。

重大行政决策合法性审查，是决策草案提交决策机关讨论前的最后一道法定程序，是行政决策出台后顺利实施的重要基础，是推进行政决策法治化的重要保障。决策机关、合法性审查部门应当着力解决制约合法性审查工作开展的各类困难和问题，确保应审尽审“不漏网”、高效运转“不延误”、过程指引“不返工”、专项培训“不缺人”，不断探索行之有效的审查工作方式方法，提升工作水平、增强工作实效。

第二节　集体讨论决定和决策公布

集体讨论决定是民主决策的重要体现。对重大行政决策实行集体讨论决定，有利于发挥决策机关领导班子的集体智慧，对加强领导班子内部民主监督也具有重要作用。实践中，重大决策作出前由领导班子进行集体讨论，已成为行政机关的普遍做法。《条例》将集体讨论决定作为重大行政决策的必经程序之一，针对实践中会议形式不够规范，讨论不够充分等问题，从报送材料要求、会议形式、议事规则、会议记录等方面对集体讨论决定进行规范。同时，本节还对重大行政决策出台前向同级党委请示报告制度、重大行政决策向社会公布、重大行政决策过程记录和材料归档制度作了规定。

第二十九条　决策承办单位提交决策机关讨论决策草案，应当报送下列材料：

（一）决策草案及相关材料，决策草案涉及市场主体经济活动的，应当包含公平竞争审查的有关情况；

（二）履行公众参与程序的，同时报送社会公众提出的主要意见的研究采纳情况；

（三）履行专家论证程序的，同时报送专家论证意见的研究采纳情况；

（四）履行风险评估程序的，同时报送风险评估报告等有关材料；

（五）合法性审查意见；

（六）需要报送的其他材料。

释　义

本条是关于决策承办单位提交决策机关讨论重大行政决策草案时应当报送的材料的具体规定。提请讨论决策草案是由合法性审查程序进入集体讨论决定程序的一个衔接性环节。对报送材料提出明确要求既是检视重大行政决策是否依法、充分履行集体讨论决定程序之前的相关程序的必要形式，也是集体讨论决定充分有效、发挥实质作用的必要保证。按照《条例》规定，需要报送的材料包括：

一是决策草案及相关材料。决策草案应当明确决策的目标，为实现目标拟采取的具体政策措施等，是重大行政决策的核心内容。根据《条例》第十二条第三款“有关方面对决策事项存在较大分歧的，决策承办单位可以提出两个以上方案”的规定，决策草案可以包括对存在分歧的问题提出两个以上方案。“相关材料”包括对决策承办单位提供的关于重大行政决策事项的背景、拟定决策草案的主要过程、决策草案的主要内容等一系列问题的说明；有关法律、法规、规章等依据；履行决策法定程序的说明。如果是有关单位意见分歧较大经协调达不成一致意见的，应当提交有关争议的主要问题、有关单位意见、决策承办单位意见和理据的相关报告。

同时，按照国家有关要求公平竞争审查的制度要求，为有关公平竞争审查的政策及实践留足空间，《条例》规定“决策草案涉及市场主体经济活动的”，报送材料中“应当包含公平竞争审查的有关情况”。2016年，国务院发布《关于在市场体系建设中建立公平竞争审查制度的意见》。该意见明确规定：“行政机关和法律、法规授权的具有管理公共事务职能的组织（以下统称政策制定机关）制定市场准入、产业发展、招商引资、招标投标、政府采购、经营行为规范、资质标准等涉及市场主体经济活动的规章、规范性文件和其他政策措施，应当进行公平竞争审查。”县级以上地方各级人民政府的重大行政决策若是属于上述涉及市场经济活动的“规范性文件、政策措施”，则按要求应当进行公平竞争审查。2017年，国家发展改革委、财政部、商务部等部门研究制定了《公平竞争审查制度实施细则（暂行）》，要求政策制定机关应当建立健全自我审查机制，明确责任机构和审查程序。自我审查可以由政策制定机关的具体业务机构负责，或者由政策制定机关指定特定机构统一负责，也可以采取其他方式实施。该暂行细则规定政策制定机关进行自我审查，但具体由哪个机构进行审查没有限定，可以是具体业务机构，也可以是特定机构统一负责，还可以是其他方式。《条例》对公平竞争审查的程序、方式等未作规定，但在结果上提出明确要求，既充分落实了公平竞争审查制度的要求，也适应了当前公平竞争审查的实际需要。

二是公众参与、专家论证、风险评估程序中有关材料。按照《条例》规定，公众参与、专家论证、风险评估这三大程序不是必经程序，体现在报送材料要求中，就是本条第（二）（三）（四）项中的前半句，即“履行……程序的”。对于符合履行公众参与、专家论证、风险评估程序条件的重大行政决策事项，应当报送履行相关程序的书面材料。例如，对于不属于“依法不予公开”的重大行政决策事项，应当履行公众参与程序，在提交决策机关讨论时应当报送“社会公众提出的主要意见的研究采纳情况”。用以证明决策方案拟定过程中遵循法定程序，也是对必经程序的一种呼应。又如，对于“专业性、技术性较强的决策事项”，应当履行专家论证程序，在提交决策机关讨论时应当报送“专家论证意见的研究采纳情况”。无论是公众意见的研究采纳情况、专家论证意见的研究采纳情况还是风险评估报告等有关材料，要求报送这些材料，有助于防止公众参与、专家论证、风险评估在程序上“走过场”，而这些材料所包含的内容也是履行上述程序后最直接、最集中的情况的呈现，对决策机关领导人员全面了解社会各方面对决策草案的态度，准确把握决策草案的必要性、可行性、科学性以及风险可控性等至关重要。

三是合法性审查的意见。“合法性审查意见”是必须报送的材料之一。“合法性审查意见”由负责合法性审查的部门（主要为县级以上地方各级人民政府的司法厅局）出具，由决策承办单位提交讨论时一并提交。《中共中央关于全面推进依法治国若干重大问题的决定》明确提出，“未经合法性审查或经审查不合法的，不得提交讨论”。这意味着，重大行政决策草案提交决策机关讨论决定前必须先经合法性审查。将“合法性审查意见”作为提交讨论必须报送的材料之一，这是合法性审查为必经程序的具体体现，也确保了先进行合法性审查后才能提交讨论。同时，按照“经审查不合法的，不得提交讨论”的要求，提交讨论的“合法性审查意见”在结论上不能是

“不合法”的。如果合法性审查意见的结论为“不合法”，那么按照《条例》第二十八条关于“决策承办单位根据合法性审查意见进行必要的调整或者补充”的规定，承办单位应当相应调整决策草案有关内容或者补充履行有关程序后，再次送请合法性审查，直至通过合法性审查后，方可提交决策机关讨论。

四是需要报送的其他材料。这是兜底条款，即如有其他对决策讨论决定具有参考价值的材料，也应一并报送。

第三十条　决策草案应当经决策机关常务会议或者全体会议讨论。决策机关行政首长在集体讨论的基础上作出决定。

讨论决策草案，会议组成人员应当充分发表意见，行政首长最后发表意见。行政首长拟作出的决定与会议组成人员多数人的意见不一致的，应当在会上说明理由。

集体讨论决定情况应当如实记录，不同意见应当如实载明。

释　义

本条是关于集体讨论决定程序的地位和具体要求的规定。在明确集体讨论决定为必经程序后，对保证这一程序真正发挥作用的会议形式和会议有关要求作了具体规定。《法治政府建设实施纲要（2015－2020年）》明确要求："重大行政决策应当经政府常务会议或者全体会议、部门领导班子会议讨论，由行政首长在集体讨论基础上作出决定。行政首长拟作出的决定与会议组成人员多数人的意见不一致的，应当在会上说明理由。集体讨论情况和决定要如实记录、完整存档。"《条例》直接适用于县级以上地方各级人民政府的重大行政决策，本条在《法治政府建设实施纲要（2015－2020年）》有关要求的基础上，对县级以上地方各级人民政府集体讨论重大行政决策事项的会议形式、发表意见要求、会议记录制度作了明确规定。

一、集体讨论决定程序为必经程序

本条第一款规定的"决策草案应当经决策机关常务会议或者全体会议讨论。决策机关行政首长在集体讨论的基础上作出决定"，既确定了集体讨论决定为必经程序，也明确集体讨论决定的内涵为“会议集体讨论+行政首长决定”，即在一定会议形式的集体讨论基础上，由决策机关的行政首长最终作出决定。根据我国《宪法》，国家机关实行民主集中制原则，行政机关同时实行行政首长负责制，由行政机关的行政首长对本单位工作负全面责任。决策草案经一定形式的会议集体讨论，这是民主集中制原则的体现，行政首长通过集体讨论集思广益、充分论证，在此基础上最终作出决定并对决策负责，这体现了行政首长负责制的要求。

二、会议形式

考虑到重大行政决策事项的重要性、决定的复杂性和结果的重大性，《条例》根据《地方各级人民代表大会和地方各级人民政府组织法》有关“政府工作中的重大问题，须经政府常务会议或者全体会议讨论决定”的规定，明确“决策草案应当经决策机关常务会议或者全体会议讨论”。政府全体会议和常务会议是县级以上地方各级人民政府的两种会议形式。《地方各级人民代表大会和地方各级人民政府组织法》对政府常务会议和全体会议的会议组成人员作了明确规定，即“全体会议由本级人民政府全体成员组成”，除政府的正职和副职领导人员，还包括秘书长、厅长、局长、委员会主任、科长等；“省、自治区、直辖市、自治州、设区的市的人民政府常务会议，分别由省长、副省长，自治区主席、副主席，市长、副市长，州长、副州长和秘书长组成。县、自治县、不设区的市、市辖区的人民政府常务会议，分别由县长、副县长，市长、副市长，区长、副区长组成”。

三、充分发表意见

针对实践中存在的会议集体讨论“走过场”，会议过程中“一言堂”等问题，《条例》要求“讨论决策草案，会议组成人员应当充分发表意见，行政首长最后发表意见”。这一规定，一方面明确了会议组成人员发表意见的顺序和要求，即行政首长要最后发表意见，会议其他组成人员则有义务充分发表意见。另一方面，也为会议其他参会人员充分发表意见创造了条件，避免因行政首长已经发表倾向性意见，会议其他组成人员不敢发表真实意见的问题。《条例》在明确决策机关行政首长的最终决定权的同时，为防止行政首长行使重大行政决策权时独断专行，要求“行政首长拟作出的决定与会议组成人员多数人的意见不一致的，应当在会上说明理由”。

四、会议记录制度

“如实记录集体讨论决定情况”，包括会议组成人员发表意见的情况和行政首长作出决定的情况。如此规定，既是会议规范性、严肃性的必然要求，可以反映集体讨论决定中是否进行了充分讨论、行政首长是否最后发表意见以及行政首长作出决策时的具体考虑等。同时，由于集体讨论决定情况既是责任追究的重要依据，也是考察识别干部的重要参考，因此，健全会议记录制度也有利于促使会议组成人员在讨论重大行政决策草案时尽职尽责、充分发表意见，也有助于促使行政首长充分发扬民主、防止“一言堂”和独断专行。一方面，会议情况与责任追究密切相关。《条例》第三十八条第三款规定，“决策机关集体讨论决策草案时，有关人员对严重失误的决策表示不同意见的，按照规定减免责任”，这样的制度既有助于实现精准问责，也能促使会议其他组成人员认真履职、发表意见。另一方面，会议情况也是考察识别干部是否依法履职、担当作为的重要参考。《中共中央关于全面推进依法治国若干重大问题的决定》强调，把能不能遵守法律、依法办事作为考察干部重要内容，在相同条件下，优先提拔使用法治素养好、依法办事能力强的干部。把会议组成人员讨论重大行政决策草案时发表意见和行政首长作出决定的情况记录下来，有助于判断其法治素养和能力。

第三十一条　重大行政决策出台前应当按照规定向同级党委请示报告。

释　义

本条是关于向同级党委请示报告的规定。坚持党的领导是重大行政决策的一项根本要求。《条例》第四条规定："重大行政决策必须坚持和加强党的全面领导，全面贯彻党的路线方针政策和决策部署，发挥党的领导核心作用，把党的领导贯彻到重大行政决策全过程。"本条所规定的"重大行政决策出台前应当按照规定向同级党委请示报告"就是重大行政决策在坚持党的领导方面的具体体现。有效落实、执行本条规定，需要把握好以下三个方面：

一是关于请示报告制度。请示报告制度是党的一项重要政治纪律、组织纪律、工作纪律，是执行民主集中制的有效工作机制，对于坚决维护习近平总书记党中央的核心、全党的核心地位，坚决维护党中央权威和集中统一领导，保证全党团结统一和行动一致，具有重要意义。2019年2月28日，中共中央印发《中国共产党重大事项请示报告条例》，适用于下级党组织向上级党组织，以及党员、领导干部向党组织请示报告重大事项相关活动。根据该条例第三条的规定，“虽在自身职权范围内但关乎全局、影响广泛的重要事情和重要情况，包括党组织贯彻执行党中央决策部署和上级党组织决定、领导经济社会发展事务”等方面的重要事情和重要情况属于需要请示报告的“重大事项”；“请示”是指“下级党组织向上级党组织，党员、领导干部向党组织就重大事项请求指示或者批准”；“报告”是指“下级党组织向上级党组织，党员、领导干部向党组织呈报重要事情和重要情况”。该条例对请示报告的主体、事项、程序和方式等作了全面规定。

二是关于请示报告的对象。《条例》明确规定，请示报告的对象为“同级党委”，即中国共产党地方工作委员会，包括党的省、自治区、直辖市，设区的市和自治州，县（旗）、自治县、不设区的市和市辖区委员会及其常务委员会。《中国共产党地方委员会工作条例》第三条规定，“党的地方委员会在本地区发挥总揽全局、协调各方的领导核心作用，按照协调推进‘四个全面’战略布局，对本地区经济建设、政治建设、文化建设、社会建设、生态文明建设实行全面领导”。第二十五条规定，“党的地方委员会应当加强对同级人大、政府、政协等的领导，建立健全沟通协调机制，及时通报重要情况”。

三是关于请示报告的主体。《条例》没有明确规定由谁向同级党委请示报告，而是规定“按照规定向同级党委请示报告”。其中，“按照规定”包括按照《中国共产党地方委员会工作条例》《中国共产党重大事项请示报告条例》《中国共产党党组工作条例》等的有关规定。《中国共产党党组工作条例》第二十六条规定：“党组应当按照《中国共产党重大事项请示报告条例》等有关规定，向批准其设立的党组织和其他有关党组织请示报告工作。县级以上人大常委会党组、政府党组、政协党组、法院党组、检察院党组应当按照规定，向本级党委请示报告工作。”据此，县级以上地方人民政府的重大行政决策在出台前应当由政府党组按照《中国共产党重大事项请示报告条例》等的规定，向同级党委请示报告。

第三十二条 决策机关应当通过本级人民政府公报和政府网站以及在本行政区域内发行的报纸等途径及时公布重大行政决策。对社会公众普遍关心或者专业性、技术性较强的重大行政决策，应当说明公众意见、专家论证意见的采纳情况，通过新闻发布会、接受访谈等方式进行宣传解读。依法不予公开的除外。

释 义

本条是关于重大行政决策作出后公布制度的规定。决策公布制度主要涉及公布的责任主体、途径、时机以及公布的内容等，《条例》对此作出以下规定：

一是公布的责任主体。公布重大行政决策的责任主体为决策机关，即作出重大行政决策的县级以上地方人民政府。

二是公布的途径。公布的途径应当包括“本级人民政府公报和政府网站以及在本行政区域内发行的报纸”。政府公报、政府网站和在本行政区域内发行的报纸，是公布重大行政决策的正式途径，体现了重大行政决策事项的重要性。实践中，除了这三种正式的途径外，还有必要根据决策的影响面和所影响群体的具体情况，采用包括政务新媒体、门户网站、电视广播等多种途径向社会公众广而告之。

三是公布的内容。重大行政决策作出后，应当向社会公布“重大行政决策”本身，包括重大的公共政策措施、重要的规划、重要的规范性文件或者关于实施重大公共建设项目的决定。同时，对社会公众普遍关心或者专业性、技术性较强的重大行政决策，除了按要求公布重大行政决策外，还应当说明公众意见、专家论证意见的采纳情况，通过新闻发布会、接受访谈等方式进行宣传解读。

四是除外规定。重大行政决策原则上作出之后都要公开，但是也有例外。根据《政府信息公开条例》第十四条关于“依法确定为国家秘密的政府信息，法律、行政法规禁止公开的政府信息，以及公开后可能危及国家安全、公共安全、经济安全、社会稳定的政府信息，不予公开”的规定，被确定为国家秘密的信息，法律、行政法规禁止公开的信息，以及公开后可能危及国家安全、公共安全、经济安全、社会稳定的信息，依法不予公开。当然，有的重大行政决策的实施可能对社会稳定、公共安全等方面造成不利影响的，应当按照《条例》第二章第四节“风险评估”的规定，在决策过程中进行风险可控性评估，形成风险评估报告，明确风险点，提出风险防范措施和处置预案，确保风险可控后，才可以作出决策。这类重大行政决策，不属于依法不予公开的事项。

第三十三条　决策机关应当建立重大行政决策过程记录和材料归档制度，由有关单位将履行决策程序形成的记录、材料及时完整归档。

释　义

本条是关于重大行政决策过程记录和材料归档制度的规定。

建立重大行政决策过程记录和材料归档制度，能够客观真实地反映重大行政决策全过程是否科学、民主、依法，是推动重大行政决策程序制度落到实处的必要保障，也是健全重大行政决策责任追究制度的必然要求。《中共中央关于全面推进依法治国若干重大问题的决定》要求：“建立重大决策终身责任追究制度及责任倒查机制。”这条创新性的规定，体现了重大决策一旦出了问题，必须依法追责、依法倒查的思路。而要实现责任追究、责任倒查、终身追责，需要有确凿的凭证，需要有可靠的依据。而在行政决策过程中所形成的档案，正是责任追究、责任倒查所需要的最客观、最真实的凭证和依据。因此，《条例》提出“完善行政决策档案管理制度”，是责任追究的现实需要。目前，已有地方出台了健全行政决策档案管理工作的制度文件。例如，2015 年 10 月，北京市档案局印发了《关于加强行政决策档案管理工作的意见》，要求各级机关认真贯彻执行。该意见旨在进一步加强行政决策档案管理工作，确保各机关在行政决策中所形成的档案完整收集、科学管理、有效利用，推进北京市行政决策科学化、民主化、法治化，助力法治政府建设。

第四章　决策执行和调整

本章是关于决策执行和调整的有关规定。所谓决策执行，是指对决策方案的贯彻、落实、推行、实施的过程。决策调整是指在决策实施过程中，决策机关根据执行过程中发现、反馈的情况对原有决策进行修改、补充或者优化。2004 年国务院印发的《全面推进依法行政实施纲要》明确规定："行政机关应当确定机构和人员，定期对决策的执行情况进行跟踪与反馈，并适时调整和完善有关决策。"2015 年中共中央、国务院印发的《法治政府建设实施纲要（2015－2020 年）》也明确提出："决策机关应当跟踪决策执行情况和实施效果，根据实际需要进行重大行政决策后评估。"为此，本章主要规定了决策机关和执行单位的职责、决策执行中的问题反馈、决策后评估和决策后调整等内容，共 4 条。

第三十四条　决策机关应当明确负责重大行政

决策执行工作的单位（以下简称决策执行单位），并对决策执行情况进行督促检查。决策执行单位应当依法全面、及时、正确执行重大行政决策，并向决策机关报告决策执行情况。

释 义

本条是关于决策机关和决策执行单位职责的规定。一项重大行政决策方案经决策机关会议集体讨论决定通过后，并不意味着决策程序完全终结。要保证重大行政决策的科学化、民主化和法治化，还要将重大行政决策程序延伸到执行环节，要求决策执行单位全面、及时、正确地贯彻执行政府重大行政决策，不得拒不执行、不完全执行、变相执行、推诿执行、拖延执行等。

从决策机关看，在重大行政决策作出的同时，应明确决策执行单位，确保有专门机构负责决策的具体执行。另外，为了确保决策执行到位，决策机关还应加强对决策执行情况的督促检查，确保决策执行机构全面、及时、正确地执行决策，勤勉履职，对于决策执行过程中出现的决策执行不到位、决策执行存在偏差等问题进行及时纠正和问责。从决策执行单位看，决策执行单位必须严格按照决策机关作出的决策，全面、及时、准确地执行决策，确保决策提出的目标和任务得到有效落实。

一、决策机关的职责

一是明确决策执行单位。决策执行单位是负责具体落实决策的相关主体。决策一经作出，必须明确具体负责执行的工作单位，切实避免职责不清，相关单位相互推诿，从而确保重大行政决策所设定的目标、任务能够得到落实和实现，否则，重大行政决策将始终停留在纸面上，无法真正落地。从实践中看，决策执行单位包括相关政府部门委办局、下级政府甚至是相关事业单位。

二是对决策执行情况的督促检查。加强对决策执行情况的督促检查，对重大行政决策的方案拟定、执行及调整等具有重要促进作用。另外，从立法调研反映情况看，在决策执行过程中，决策执行不力、不到位等问题还不同程度存在。因此，加强对决策执行单位的有效监督、对其进行督促检查实有必要。

从督查的方式看，具体包括实地督查、书面督查等。实地督查主要通过对决策执行单位决策执行情况进行实地检查，广泛听取企业、社会公众等不同方面的反馈，了解决策实际执行情况。书面督查则主要是要求决策执行单位将决策执行情况通过书面的方式报送决策机关，决策机关通过决策执行单位报送的书面报告了解具体执行情况。一般情况下，决策机关可综合运用实地督查、书面督查等方式了解决策执行情况。一旦发现决策执行单位存在执行不到位等问题，应立即要求决策执行单位整改，确保决策执行不偏不倚。如发现决策执行与实际情况不符，也可根据督查情况对决策按照程序进行调整。从实践现状看，决策的督促检查一般由决策机关的办公厅负责。

二、决策执行单位的职责

一是决策执行单位应当全面、及时、正确执行重大行政决策。所谓全面执行重大行政决策，要求决策执行单位应当全面了解决策预设的目标、决策实现的手段和方式等，分解各项工作任务，避免选择性执行，确保决策执行全面、到位。所谓及时执行重大行政决策，要求决策执行单位必须在决策方案规定的时间内执行决策，不能久拖不予执行，使重大行政决策久久不能落地，或者由于久拖不执行，现实情况发生变化后，导致决策与现实不符，难以实现决策目标，浪费决策成本和资源。所谓正确执行决策，要求决策执行单位应当准确理解决策机关制定决策的意图，避免对决策意图的理解存在偏差，导致决策执行不到位，决策目标难以实现。

二是向决策机关报送决策执行情况。由于现实情况时刻处于变动中，为了确保决策能够真正发挥实效，决策执行单位应当将决策执行情况报送决策机关，以便决策机关能够根据决策执行情况反馈的问题对决策进行修改、修正或者调整，对决策进行调适。

第三十五条 **决策执行单位发现重大行政决策存在问题、客观情况发生重大变化，或者决策执行中发生不可抗力等严重影响决策目标实现的，应当及时向决策机关报告。**

公民、法人或者其他组织认为重大行政决策及其实施存在问题的，可以通过信件、电话、电子邮件等方式向决策机关或者决策执行单位提出意见建议。

释　义

本条是关于决策执行中问题反馈的规定。重大行政决策一经制定后，将付诸施行，但随着时间的变动，现实情况难免发生变化，可能会发生新制定的决策与现实不一致的情况，这就要求决策机关必须紧密跟踪了解决策执行过程中的情况变化。但是，决策一经作出后，决策机关将指定专门机关负责决策执行，决策机关并不直接参与决策的执行。因此，为确保决策机关能够及时了解决策执行过程中存在的问题，本条规定可通过以下两种途径向决策机关反馈决策执行情况：一是决策执行单位应及时报告执行过程中存在的重大情况变化。二是公民、法人或者其他组织认为决策执行存在问题，可以向决策机关和决策执行单位提出意见建议。

一、决策执行单位主动报告执行情况

本条对决策执行单位应及时向决策机关报告的主要情形作了明确规定。主要情形包括三类：一是发现重大行政决策存在问题、严重影响决策目标实现的。虽然重大行政决策的制定经过了各项严密的程序，但是，也不能百分之百地确保重大行政决策不存在任何问题，一旦在重大行政决策的执行过程中发现存在决策与实际情况不符等不符合科学决策要求的情况，且严重影响决策目标实现时，应及时向决策机关反馈。二是客观情况发生重大变化、严重影响决策目标实现的。重大行政决策制定时是与现实情况相符的，但由于客观情况一直处在变动中，一旦客观情况发生重大变化，严重影响到重大行政决策执行的效果、目标的实现时，决策执行单位应立即将有关情况反馈给决策机关。客观情况如仅仅发生细小变化，并不影响重大行政决策的执行效果、目标的实现时，决策执行单位应当按照原有决策执行。三是发生不可抗力、严重影响决策目标实现的情形，如发生地震、洪水等自然灾害，影响重大行政决策目标实现的，应及时反馈。

二、公民、法人或者其他组织对决策执行的意见建议

《宪法》第四十一条第一款规定，中华人民共和国公民对于任何国家机关和国家工作人员，有提出批评和建议的权利；对于任何国家机关和国家工作人员的违法失职行为，有向有关国家机关提出申诉、控告或者检举的权利，但是不得捏造或者歪曲事实进行诬告陷害。重大行政决策与社会公众的权益密切相关，社会公众作为重大行政决策的执行对象，对于重大行政决策执行效果的感受度也最为直接，在决策执行过程中，如果公民、法人或者其他组织发现重大行政决策及其实施存在问题的，如重大行政决策与客观情况严重不符、决策执行过程中执行人员存在违法行为等，可以向决策机关或者决策执行单位提出相关意见建议。同时，为了便于社会公众反馈意见建议，本条规定，社会公众可以通过信件、电话、电子邮件等多种方式进行反馈。

第三十六条　有下列情形之一的，决策机关可以组织决策后评估，并确定承担评估具体工作的单位：

（一）重大行政决策实施后明显未达到预期效果；

（二）公民、法人或者其他组织提出较多意见；

（三）决策机关认为有必要。

开展决策后评估，可以委托专业机构、社会组织等第三方进行，决策作出前承担主要论证评估工作的单位除外。

开展决策后评估，应当注重听取社会公众的意见，吸收人大代表、政协委员、人民团体、基层组织、社会组织参与评估。

决策后评估结果应当作为调整重大行政决策的重要依据。

释　义

本条是关于决策后评估的规定。决策后评估是指评估主体按照一定的标准，在决策实施一定时期后，对其执行的情况进行综合评估。为保证决策执行到位、及时发现决策偏差、提高决策纠错效果，有必要开展决策后评估。一方面通过评估，可以发现决策执行中的问题，及时进行调整，避免损失；另一方面，通过评估可以为未来的相关重大决策积累经验、教训，避免类似问题再次出现。

从立法调研情况看，当前我国决策后评估工作尚处于探索阶段，各地做法并不成熟：一是重视程度不够。虽然有些地方立法明确了应当后评估的具体情形，但实践中“重决策、轻执行”比较普遍，开展评估的主动性不强，“应评未评”问题比较突出。二是外部监督不足。有些后评估工作局限于决策机关自我评价，公众和社会监督缺位，评估结果缺乏公信力。三是评估实效不强。有的后评估没有针对存在的具体问题，也不能提出科学合理的建议，纯粹是为了评估而评估，评估实效大打折扣。

从内容看，决策后评估主要涉及三个问题，第一，是否评估、何时评估？第二，如何评估？第三，评估的后续处理问题。综合考虑我国决策评估制度实践现状，本条对决策评估的主体、决策评估的情形、决策评估的方式、决策评估报告的效力等问题进行了规定。

一、关于决策后评估主体

决策后评估主体分为组织者、具体承担者。决策机关作为重大行政决策的制定机关，毫无疑问是重大行政决策后评估的组织者，是否评估、何时评估，都应由决策机关根据实际情况决定。决策机关在决定对某一重大行政决策开展评估后，可以确定由具体单位承担相关评估工作。

二、关于决策后评估的情形

考虑到当前我国行政决策后评估制度实际运行现状并不理想，同时，决策后评估需耗费巨大的人力、物力成本，如果不加区分地规定行政决策在任何情况下都开展决策后评估，将会浪费较多人力、物力及时间成本。为此，本条规定了决策后评估的情形：（一）重大行政决策实施后明显未达到预期效果；（二）公民、法人或者其他组织提出较多意见；（三）决策机关认为有必要。如果重大行政决策在实施一段时间后，决策机关发现重大行政决策实施的效果和制定行政决策之初预设的目标相差甚远，行政决策机关可以决定开展决策后评估。如果公民、法人或者其他组织就某一决策的实施提出了较多意见的话，这可能意味着重大行政决策与现实情况存在较大出入，并不完全符合社会公共利益，行政决策机关可以决定开展决策后评估。同时，决策机关作为重大行政决策制定者，如果其基于其他理由认为有必要开展决策后评估的，可以开展决策后评估。

三、决策后评估的方式

为进一步提升决策后评估的科学性、专业性、民主性，本条规定，开展决策后评估，可以委托专业机构、社会组织等第三方进行，决策作出前承担主要论证评估工作的单位除外。开展决策后评估，同时应当注重听取社会公众的意见，吸收人大代表、政协委员、人民团体、基层组织、社会组织参与评估。

一是开展决策后评估，评估单位可以委托专业机构、社会组织进行。当然，为了保证评估的中立性，决策作出前承担主要论证评估工作的单位不适宜再次参加决策后评估。开展决策后评估可以组成由决策机关、决策执行单位、专业机构构成的决策评估团队，对重大行政决策实施过程中的相关问题进行分析评估。行政机关对决策本身有较透彻的认识，且对重大决策事项的执行具有督办、指导、检查、协调的职责，较为权威。而专家的参与可以提高评估的专业性和科学性。事实表明，由独立第三方或者多元主体参与的“异体评估”，相比于“自说自话”的“自体评估”，更有利于了解决策执行的真实情况，对复杂情况提出的应对处置方案往往也更为专业可行。

二是开展决策后评估，应当注重听取社会公众的意见，吸收人大代表、政协委员、人民团体、基层组织、社会组织参与评估。开展决策后评估应当充分发挥民主精神，充分听取社会各方面主体的意见建议，这样有助于评估主体全面了解重大行政决策实施过程中存在的困难、问题等，有助于提高决策后评估的科学性、针对性，为后续完善决策提供坚实的基础。

四、决策后评估报告的效力

决策后评估完成后，应当形成完整的重大决策后评估报告。从以往的实践看，决策机关对此并未予以充分重视，评估完了也就完了，决策后评估的作用未能充分发挥。为进一步发挥决策后评估制度的作用，本条特别规定了决策后评估结果应当作为调整重大行政决策的重要依据。

第三十七条 **依法作出的重大行政决策，未经法定程序不得随意变更或者停止执行；执行中出现本条例第三十五条规定的情形、情况紧急的，决策机关行政首长可以先决定中止执行；需要作出重大调整的，应当依照本条例履行相关法定程序。**

释 义

本条是关于决策后调整的相关规定。作出决策后，跟踪了解决策执行情况，根据客观情况的变化对原有决策进行必要调整，应当说属于决策完整生命周期的组成部分。实践中，决策后跟踪问效和决策调整都不够规范。例如，缺乏“一张蓝图干到底”的韧性，领导一换届，前任作出的决策就被高高挂起。领导注意力一旦转移、想法一旦发生变化，原来做出的决策就被放在一边或者频繁改动。针对以上问题，为确保政策执行的延续性，有效保护公民、法人或者其他组织的合理信赖利益，本条规定，未出现影响重大行政决策目标实现的情形，不应随意变更决策或者停止决策的执行。出现需要变更决策或者停止执行的情形，也应当履行相关法定程序。

一、决策调整的主体

决策机关作为决策的制定主体，决策的调整主体也应当是决策机关，为了避免行政决策机关首长个人专断、随意调整决策，一般情况下，应当提交决策机关常务会议进行集体讨论决定后，才能作出调整决策的决定。另外，在特别紧急的情况下，行政机关首长可以先停止决策执行，再按照相关法定程序进行决策调整。

二、决策调整的情形

具体来讲，主要包括以下情形：一是决策执行单位发现重大行政决策存在问题、严重影响决策目标实现、不符合科学决策要求的；二是客观情况发生重大变化、严重影响决策目标实现的；三是决策执行中发生不可抗力，如地震、洪水等自然灾害，严重影响决策目标实现的；四是公民、法人或者其他组织反馈认为重大行政决策及其实施存在问题、严重影响决策目标实现的。作出决策调整的，决策执行单位也应当采取有效措施，避免或者减少损失。

三、明确决策调整程序

重大行政决策的调整权与决策权应当同属决策机关。同时，调整决策也应按照本条例的规定履行相关法定程序，否则，就容易出现借口调整而违法改变决策内容的情形。在实践中，就出现过规划部门利用调整改变规划的现象。具体来讲，出现本条例第三十五条规定的情形，情况紧急的可由决策机关行政首长先决定中止执行；对于需要作出重大调整的，应按《条例》规定履行相关程序，如决策调整应履行专家论证程序的，则应按照本条例履行专家论证程序。

第五章　法律责任

本章是《条例》的法律责任部分，共4条。为落实重大行政决策程序制度的刚性约束，《条例》对决策过程中的各类主体，包括决策机关、决策承办单位、决策执行单位等单位和人员，分别规定了相应的法律责任。

第三十八条　决策机关违反本条例规定的，由上一级行政机关责令改正，对决策机关行政首长、负有责任的其他领导人员和直接责任人员依法追究责任。

决策机关违反本条例规定造成决策严重失误，或者依法应当及时作出决策而久拖不决，造成重大损失、恶劣影响的，应当倒查责任，实行终身责任追究，对决策机关行政首长、负有责任的其他领导人员和直接责任人员依法追究责任。

决策机关集体讨论决策草案时，有关人员对严

重失误的决策表示不同意见的，按照规定减免责任。

释　义

本条是对决策机关法律责任的规定。

一、行政决策法律责任的含义和构成要件

行政决策是各级人民政府行政管理活动的首要环节。每一个负责任的政府都应当对其作出的行政决策承担责任。行政决策责任总体上可分为政治责任、法律责任和道义责任三方面。行政决策法律责任是指行政决策机关、决策承办单位和决策执行单位以及其他参与行政决策的有关主体在行政决策的制定和执行过程中，因违法决策或者决策不当所必须承担的法律后果。

行政决策法律责任的构成要件主要包括：1. 客观方面要件，指的是行政决策主体实施了违反行政决策法定程序、以权谋私、滥用职权、玩忽职守等行为。2. 主观方面要件，指的是行政决策主体出于故意或者过失实施了上述违法行为。3. 法律后果，指的是行政决策主体的违法决策行为或者失职渎职、弄虚作假行为造成了危害性后果，破坏了法律秩序，给国家、社会和公众带来严

重的不利影响。

二、行政决策法律责任的法律依据

行政决策法律责任的构成、形式、轻重等都由法律法规明确规定。党的十八届四中全会通过的《中共中央关于全面推进依法治国若干重大问题的决定》提出，建立重大决策终身责任追究制度及责任倒查机制，对决策严重失误或者依法应该及时作出决策但久拖不决造成重大损失、恶劣影响的，严格追究行政首长、负有责任的其他领导人员和相关责任人员的法律责任。

《宪法》第八十九条规定，国务院有权改变或者撤销地方各级国家行政机关的不适当的决定和命令。《地方各级人民代表大会和地方各级人民政府组织法》第五十九条规定，县级以上的地方各级人民政府有权领导所属各工作部门和下级人民政府的工作；改变或者撤销所属各工作部门的不适当的命令、指示和下级人民政府的不适当的决定、命令。《行政机关公务员处分条例》第十六条规定，行政机关经人民法院、监察机关、行政复议机关或者上级行政机关依法认定有行政违法行为或者其他违法违纪行为，需要追究纪律责任的，对负有责任的领导人员和直接责任人员给予处分。

三、行政决策法律责任的责任倒查机制和终身责任追究制度

相当长时期以来，一些决策机关及其工作人员错误地认为，决策失误不过是交了一次“学费”，决策失误所造成的损失与本单位和本人无关。这种观念的直接后果是在一些地方出现了大批的政绩工程、形象工程。要实现依法行政决策，一方面，必须强化决策机关领导人员的法律责任意识，提高决策机关领导人员的法治素养；另一方面，也要加大违法行政决策的责任追究力度，对决策失误的行政首长、负有责任的其他领导人员和直接责任人员施以法律惩戒。无论其升迁到什么级别，调任到何处，都必须严格依法追究其法律责任。

四、行政决策法律责任的减免责任机制

完善行政决策的法律责任，既要防止决策机关行政首长借“集体决议”来规避责任，应当由行政首长承担责任的决策行为不能再借口经过了集体讨论而推卸责任；又要遵循“谁决策、谁负责”的原则，明确区分在严重失误的行政决策中起主导作用人员的责任与表示过不同意见的决策参与人员的责任。对表示过不同意见的有关人员应当按照规定减免责任。

第三十九条　决策承办单位或者承担决策有关工作的单位未按照本条例规定履行决策程序或者履行决策程序时失职渎职、弄虚作假的，由决策机关责令改正，对负有责任的领导人员和直接责任人员依法追究责任。

释　义

本条是对决策承办单位等单位法律责任的规定。

行政决策承办单位等单位按照《条例》规定的程序履行职责，其行使的行政决策权力受到法律监督和人民群众的监督，更有利于保护国家、集体和社会公众的利益。追究行政决策承办单位等单位违反法定程序及权限的法律责任，对行政决策承办单位等单位具有教育和警示功能，同时也有利于激励行政决策承办单位等单位科学、民主、依法地提出决策草案。

完善我国行政决策法律责任制度，要坚持有错必究和责任自负的原则，并将其贯彻到重大行政决策的各个环节，做到执法必严、违法必究；同时也要明确在行政决策过程中失职渎职、弄虚作假的，应当承担的法律责任。

根据有关法律法规规定，失职是行政决策承办单位等单位及其工作人员对行政决策工作不认真负责，未依照有关规定履行其职责，致使国家和人民利益受到损失的行为。渎职是行政决策承办单位等单位及其工作人员滥用职权、玩忽职守或者徇私舞弊，妨害行政决策正常进行，致使国家和人民利益遭受严重损失的行为。

在形成行政决策草案的过程中，行政决策承办单位等单位及其工作人员失职渎职、弄虚作假的行为主要表现在：应当履行公众参与程序而未履行的；不严格执行听证制度，在听证中弄虚作假或者采取不正当手段操纵听证结果，对人民群众反映的问题不认真调查核实的；应当履行专家论证程序而未履行的；违反社会稳定风险评估制度规定，对涉及群众利益的重大决策事项不进行社会稳定风险评估，或者在风险评估中搞形式主义、弄虚作假，造成决策失误的等等。

《公务员法》第五十九条规定，公务员必须遵守纪律，不得弄虚作假，误导、欺骗领导和公众。《行政机关公务员处分条例》第二十二条规定，弄虚作假，误导、欺骗领导和公众，造成不良后果的，给予警告、记过或者记大过处分；情节较重的，给予降级或者撤职处分；

情节严重的，给予开除处分。决策承办单位或者承担决策有关工作的单位，如合法性审查部门，违反《条例》第二章、第三章有关规定的，要根据《公务员法》《行政机关公务员处分条例》等的规定，追究其法律责任。

第四十条 **决策执行单位拒不执行、推诿执行、拖延执行重大行政决策，或者对执行中发现的重大问题瞒报、谎报或者漏报的，由决策机关责令改正，对负有责任的领导人员和直接责任人员依法追究责任。**

释 义

本条是对决策执行单位法律责任的规定。

决策执行单位应当根据重大行政决策的具体要求，制定决策执行方案，明确主管领导责任、具体承办机构和责任人，全面、及时、正确地贯彻执行各级政府重大行政决策，确保决策执行的质量和进度，不得拒不执行、推诿执行、拖延执行。

当前，重大行政决策执行中存在以下突出问题：

其一，一些决策执行单位在执行重大行政决策的过程中，出现过“上有政策，下有对策”的现象。当大局利益与个人私利、部门利益、地方利益发生冲突时，制造出各种各样的“对策”。虽不正面、公开地反对行政决策，但却“钻决策的空子”“打擦边球”，妨碍决策的贯彻落实。还有的决策执行单位在执行重大行政决策的过程中，从自身的特殊利益出发，选择性地执行各级政府的重大行政决策。对自己有利的，就“快马加鞭”；对自己无利的，则“断章取义，为我所用”。更有某些地方因利益作祟，公然对抗执行上级机关的重大行政决策，“有令不行，有禁不止”。

其二，一些决策执行单位在执行重大行政决策的过程中，由于行政组织结构不合理，执行人员素质参差不齐等原因，在有关部门和人员之间相互推诿扯皮、敷衍塞责。事前对决策推诿执行，事后对问题推卸责任；出了问题无人负责，有了政绩万人争抢，严重影响了行政决策执行的效果。

其三，一些决策执行单位在执行重大行政决策的过程中，不是积极地贯彻执行决策，而是缩手缩脚、左顾右盼、消极怠工，阻滞了决策的执行。

其四，一些决策执行单位在执行重大行政决策过程中发现重大问题的，不是以对事业负责、对组织诚实的态度，按期、如实上报，而是固守旧有观念、顾虑重重，瞒报、谎报、漏报重要情况和问题。

为扭转实践中存在的上述问题，除了要理顺上级与下级政府之间的关系、本级政府内部各职能部门之间的关系，按照权责一致、分工明确的原则，科学地界定各级政府各部门的职责界限，克服职能不清、有权无责、政出多门等弊端外，最重要的是要增强对决策执行单位的问责力度，“教育千遍，不如问责一遍”。

《公务员法》第五十九条规定，公务员必须遵纪守法，不得拒绝执行上级依法作出的决定和命令。《行政机关公务员处分条例》第十九条规定，拒绝执行上级依法作出的决定、命令的，给予警告、记过或者记大过处分；情节较重的，给予降级或者撤职处分；情节严重的，给予开除处分。《刑法》第三百九十七条规定，国家机关工作人员滥用职权或者玩忽职守，致使公共财产、国家和人民利益遭受重大损失的，处三年以下有期徒刑或者拘役；情节特别严重的，处三年以上七年以下有期徒刑。决策执行单位拒不执行、推诿执行、拖延执行重大行政决策，或者对执行中发现的重大问题瞒报、谎报、漏报的，首先由决策机关责令改正，对负有责任的领导人员和直接责任人员依照《公务员法》《行政机关公务员处分条例》等法律法规的规定依法追究责任。

第四十一条 **承担论证评估工作的专家、专业机构、社会组织等违反职业道德和本条例规定的，予以通报批评、责令限期整改；造成严重后果的，取消评估资格、承担相应责任。**

释 义

本条是对参与决策的其他有关主体法律责任的规定。

决策机关和决策承办单位要充分发挥专家、专业机构、社会组织的智力优势和参与决策研究的积极性，广泛吸收专家、专业机构、社会组织参与重大行政决策的相关论证、评估工作。同时要加强对专家、专业机构、社会组织的有效管理，明确相应的考核评价和奖惩机制，特别要求专家、专业机构、社会组织必须保守在从事论证、评估工作中知悉的国家秘密、商业秘密和个人隐私，不得利用其从事论证、评估工作中知悉的非公开信息，为本人或者他人谋取利益。

在决策过程中，参与决策的专家、专业机构、社会组织违反法律、法规、规章、国家有关规定或者违反工作规则的，决策机关和决策承办单位有权予以通报批评，责令限期整改；造成严重后果的，决策机关和决策承办单位有权取消其评估资格，并依法移送有关机关追究其相应的责任。

第六章 附 则

第四十二条 县级以上人民政府部门和乡级人民政府重大行政决策的作出和调整程序，参照本条例规定执行。

释 义

本条是关于《条例》适用范围的补充规定。

《条例》第二条对本条例的适用范围做出了规定："县级以上地方人民政府（以下称决策机关）重大行政决策的作出和调整程序，适用本条例"。也就是说，县级以上地方人民政府作出和调整重大行政决策，其程序应当不折不扣地执行本条例的规定。《条例》第四十二条的规定也是关于《条例》适用范围的规定，应当结合第二条的规定理解。所谓"参照"执行，介于"遵照执行"和"参考"之间，应理解为适用本单位实际情况的条款应当执行，不适用本单位实际情况、无法执行的条款则不予执行。在组织结构、职责权限、运行机制上，县级以上人民政府部门、乡级人民政府，与县级以上各级人民政府之间有相同之处，但差异性较大，因此在作出和调整重大行政决策方面，无法完全按照《条例》的规定贯彻执行，而是“参照”执行。

一、关于县级以上人民政府部门重大行政决策的作出和调整程序

在地方政府已经出台的重大行政决策程序规定中，规定“本级政府适用，政府所属部门及下级行政机关参照适用”和“本级政府和下级政府适用，所属工作部门参照适用”的占大多数。在组织结构和运行机制上，县级以上各级地方人民政府之间具有相似性，而政府部门与一级政府之间差异较大，因此条例对县级以上地方人民政府和政府部门的重大行政决策程序分别加以规定。政府部门作出和调整重大行政决策的程序，应由政府部门参照本条例并根据其职能和决策事项的性质、重要程度及影响进行合理确定。

以“负责合法性审查的部门”具体为何部门为例：《条例》第二十五条规定，决策草案提交决策机关讨论前，应当由负责合法性审查的部门进行合法性审查；第

四十二条规定，县级以上人民政府部门参照本条例规定执行，因此，当县级以上人民政府部门为决策机关时，负责合法性审查的部门为部门内部的法制工作机构。

二、关于乡级人民政府重大行政决策的作出和调整程序

根据《地方各级人民代表大会和地方各级人民政府组织法》的规定，乡级人民政府只设乡长、副乡长、镇长，不设专门工作部门，不召开全体会议和常务会议，乡级人民政府的职责主要是执行上级国家行政机关的决定和命令，执行本行政区域内的经济和社会发展计划，有权作出重大行政决策的情形较少。因此，《条例》规定乡级人民政府重大行政决策的作出和调整程序，参照本条例规定执行。

第四十三条 省、自治区、直辖市人民政府根据本条例制定本行政区域重大行政决策程序的具体制度。

国务院有关部门参照本条例规定，制定本部门重大行政决策程序的具体制度。

释　义

本条是关于省、自治区、直辖市人民政府和国务院有关部门制定重大行政决策程序具体制度的规定。

一、关于省、自治区、直辖市人民政府根据本条例制定具体制度

近年来，全国各地已经出台了一些专门性的重大行政决策程序规定，主要为省、市人民政府规章。这些规定在推进依法决策的进程中发挥了重要作用，同时，也存在着诸多不成熟、不完善的地方，包括对重大行政决策范围的界定不够科学、法定程序不尽一致、各层级规定的法律效力以及不同层级规定之间的关系不够清晰等等问题。《条例》的出台，使得国家对重大行政决策程序的基本制度有了统一规定，各县级以上地方人民政府都应当适用《条例》的规定。

《条例》第三条规定，县级以上地方人民政府结合职责权限和本地实际确定决策事项目录、标准，因而不同地方的决策事项目录和标准不同。同时，不同地方之间经济社会发展水平不同，同一类型的决策事项在组织实施难度、各个环节所需时间等方面也存在着较大的差异，国家不宜作“一刀切”的规定。出于以上考虑，《条例》允许地方政府在遵循本条例规定的基础上，对决策程序具体事项作出细化规定，同时为了避免立法层级过多导致相关规定过多、过滥，将有权制定本行政区域重大行政决策程序具体制度的主体限定在省级人民政府。

二、关于国务院有关部门参照本条例制定具体制度

根据《宪法》《国务院组织法》，国务院各部、各委员会实行部长、主任负责制；各部部长、各委员会主任领导本部门的工作，召集和主持部务会议或者委员会会议、委务会议；各部、各委员会工作中的方针、政策、计划和重大行政措施，应向国务院请示报告，由国务院决定；根据法律和国务院的决定，主管部、委员会可以在本部门的权限内发布命令、指示和规章。《国务院工作规则》规定，国务院及各部门要完善行政决策程序规则，把公众参与、专家论证、风险评估、合法性审查和集体讨论决定作为重大决策的法定程序。可以说，国务院有关部门作出重大行政决策，在程序上与县级以上人民政府作出重大行政决策略有不同，因而《条例》并未规定国务院有关部门遵照执行本条例的规定。同时，在县级以上人民政府部门中，国务院部门的级别最高、具有特殊性，其依法决策具有以上率下的示范带动作用，因此《条例》在第四十二条之外，特别规定国务院部门参照本条例制定具体制度。

第四十四条 本条例自2019年9月1日起施行。

释 义

本条是关于《条例》生效日期的规定。

一、关于生效日期

法律法规的生效日期，是指从何时起开始正式实施，也就是从何时起正式具有法律效力。我国目前对行政法规生效日期的规定，大约有三种方式：一是直接在行政法规中规定“本条例自某年某月某日起施行”，这是使用最多的情形，本条例也采取这种形式；二是条文中没有直接规定具体的生效日期，而是规定“本条例自公布之日起施行”，这种方式在立法实践中采用不多；三是规定生效日期取决于另一个法律的制定和实施时间。

本条例于2019年4月20日由国务院总理签署，5月8日公布，自2019年9月1日起施行。《条例》自公布之日起的一段时间以后再生效施行，主要目的是便于各方面利用这段时间充分做好《条例》实施前的各项必要准备工作，比如有关法规、规章、规范性文件的清理和制定工作以及《条例》的宣传工作等，以保证法规的有效实施。

二、关于溯及力

法律的溯及力，是指法律生效以后能否适用于生效以前的行为和事件，如果适用，就表明有溯及力，如果不能适用，就表明没有溯及力。一部法律如果有溯及力，必须在条文中作出明确的规定，本条例对溯及力问题没有作出规定，表明《条例》没有溯及力，不能适用于《条例》生效以前的行为和事件。

附　录

重大行政决策程序暂行条例

（2019 年 4 月 20 日中华人民共和国国务院令第 713 号公布　自 2019 年 9 月 1 日起施行）

第一章　总　　则

第一条　为了健全科学、民主、依法决策机制，规范重大行政决策程序，提高决策质量和效率，明确决策责任，根据宪法、地方各级人民代表大会和地方各级人民政府组织法等规定，制定本条例。

第二条　县级以上地方人民政府（以下称决策机关）重大行政决策的作出和调整程序，适用本条例。

第三条　本条例所称重大行政决策事项（以下简称决策事项）包括：

（一）制定有关公共服务、市场监管、社会管理、环境保护等方面的重大公共政策和措施；

（二）制定经济和社会发展等方面的重要规划；

（三）制定开发利用、保护重要自然资源和文化资源的重大公共政策和措施；

（四）决定在本行政区域实施的重大公共建设项目；

（五）决定对经济社会发展有重大影响、涉及重大公共利益或者社会公众切身利益的其他重大事项。

法律、行政法规对本条第一款规定事项的决策程序另有规定的，依照其规定。财政政策、货币政策等宏观调控决策，政府立法决策以及突发事件应急处置决策不适用本条例。

决策机关可以根据本条第一款的规定，结合职责权限和本地实际，确定决策事项目录、标准，经同级党委同意后向社会公布，并根据实际情况调整。

第四条　重大行政决策必须坚持和加强党的全面领导，全面贯彻党的路线方针政策和决策部署，发挥党的领导核心作用，把党的领导贯彻到重大行政决策全过程。

第五条　作出重大行政决策应当遵循科学决策原则，贯彻创新、协调、绿色、开放、共享的发展理念，坚持从实际出发，运用科学技术和方法，尊重客观规律，适应经济社会发展和全面深化改革要求。

第六条　作出重大行政决策应当遵循民主决策原则，

充分听取各方面意见，保障人民群众通过多种途径和形式参与决策。

第七条 作出重大行政决策应当遵循依法决策原则，严格遵守法定权限，依法履行法定程序，保证决策内容符合法律、法规和规章等规定。

第八条 重大行政决策依法接受本级人民代表大会及其常务委员会的监督，根据法律、法规规定属于本级人民代表大会及其常务委员会讨论决定的重大事项范围或者应当在出台前向本级人民代表大会常务委员会报告的，按照有关规定办理。

上级行政机关应当加强对下级行政机关重大行政决策的监督。审计机关按照规定对重大行政决策进行监督。

第九条 重大行政决策情况应当作为考核评价决策机关及其领导人员的重要内容。

第二章 决策草案的形成

第一节 决策启动

第十条 对各方面提出的决策事项建议，按照下列规定进行研究论证后，报请决策机关决定是否启动决策程序：

（一）决策机关领导人员提出决策事项建议的，交有关单位研究论证；

（二）决策机关所属部门或者下一级人民政府提出决策事项建议的，应当论证拟解决的主要问题、建议理由和依据、解决问题的初步方案及其必要性、可行性等；

（三）人大代表、政协委员等通过建议、提案等方式提出决策事项建议，以及公民、法人或者其他组织提出书面决策事项建议的，交有关单位研究论证。

第十一条 决策机关决定启动决策程序的，应当明确决策事项的承办单位（以下简称决策承办单位），由决策承办单位负责重大行政决策草案的拟订等工作。决策事项需要两个以上单位承办的，应当明确牵头的决策承办单位。

第十二条 决策承办单位应当在广泛深入开展调查研究、全面准确掌握有关信息、充分协商协调的基础上，拟订决策草案。

决策承办单位应当全面梳理与决策事项有关的法律、法规、规章和政策，使决策草案合法合规、与有关政策相衔接。

决策承办单位根据需要对决策事项涉及的人财物投入、资源消耗、环境影响等成本和经济、社会、环境效益进行分析预测。

有关方面对决策事项存在较大分歧的，决策承办单位可以提出两个以上方案。

第十三条　决策事项涉及决策机关所属部门、下一级人民政府等单位的职责，或者与其关系紧密的，决策承办单位应当与其充分协商；不能取得一致意见的，应当向决策机关说明争议的主要问题，有关单位的意见，决策承办单位的意见、理由和依据。

第二节　公众参与

第十四条　决策承办单位应当采取便于社会公众参与的方式充分听取意见，依法不予公开的决策事项除外。

听取意见可以采取座谈会、听证会、实地走访、书面征求意见、向社会公开征求意见、问卷调查、民意调查等多种方式。

决策事项涉及特定群体利益的，决策承办单位应当与相关人民团体、社会组织以及群众代表进行沟通协商，充分听取相关群体的意见建议。

第十五条 决策事项向社会公开征求意见的，决策承办单位应当通过政府网站、政务新媒体以及报刊、广播、电视等便于社会公众知晓的途径，公布决策草案及其说明等材料，明确提出意见的方式和期限。公开征求意见的期限一般不少于30日；因情况紧急等原因需要缩短期限的，公开征求意见时应当予以说明。

对社会公众普遍关心或者专业性、技术性较强的问题，决策承办单位可以通过专家访谈等方式进行解释说明。

第十六条 决策事项直接涉及公民、法人、其他组织切身利益或者存在较大分歧的，可以召开听证会。法律、法规、规章对召开听证会另有规定的，依照其规定。

决策承办单位或者组织听证会的其他单位应当提前公布决策草案及其说明等材料，明确听证时间、地点等信息。

需要遴选听证参加人的，决策承办单位或者组织听证会的其他单位应当提前公布听证参加人遴选办法，公平公开组织遴选，保证相关各方都有代表参加听证会。听证参加人名单应当提前向社会公布。听证会材料应当于召开听证会7日前送达听证参加人。

第十七条　听证会应当按照下列程序公开举行：

（一）决策承办单位介绍决策草案、依据和有关情况；

（二）听证参加人陈述意见，进行询问、质证和辩论，必要时可以由决策承办单位或者有关专家进行解释说明；

（三）听证参加人确认听证会记录并签字。

第十八条　决策承办单位应当对社会各方面提出的意见进行归纳整理、研究论证，充分采纳合理意见，完善决策草案。

第三节　专家论证

第十九条　对专业性、技术性较强的决策事项，决策承办单位应当组织专家、专业机构论证其必要性、可行性、科学性等，并提供必要保障。

专家、专业机构应当独立开展论证工作，客观、公正、科学地提出论证意见，并对所知悉的国家秘密、商业秘密、个人隐私依法履行保密义务；提供书面论证意见的，应当署名、盖章。

第二十条　决策承办单位组织专家论证，可以采取论证会、书面咨询、委托咨询论证等方式。选择专家、专业机构参与论证，应当坚持专业性、代表性和中立性，注重选择持不同意见的专家、专业机构，不得选择与决策事项有直接利害关系的专家、专业机构。

第二十一条 省、自治区、直辖市人民政府应当建立决策咨询论证专家库，规范专家库运行管理制度，健全专家诚信考核和退出机制。

市、县级人民政府可以根据需要建立决策咨询论证专家库。

决策机关没有建立决策咨询论证专家库的，可以使用上级行政机关的专家库。

第四节 风险评估

第二十二条 重大行政决策的实施可能对社会稳定、公共安全等方面造成不利影响的，决策承办单位或者负责风险评估工作的其他单位应当组织评估决策草案的风险可控性。

按照有关规定已对有关风险进行评价、评估的，不作重复评估。

第二十三条 开展风险评估，可以通过舆情跟踪、重点走访、会商分析等方式，运用定性分析与定量分析等方法，对决策实施的风险进行科学预测、综合研判。

开展风险评估，应当听取有关部门的意见，形成风险评估报告，明确风险点，提出风险防范措施和处置预案。

开展风险评估，可以委托专业机构、社会组织等第三方进行。

第二十四条　风险评估结果应当作为重大行政决策的重要依据。决策机关认为风险可控的，可以作出决策；认为风险不可控的，在采取调整决策草案等措施确保风险可控后，可以作出决策。

第三章　合法性审查和集体讨论决定

第一节　合法性审查

第二十五条　决策草案提交决策机关讨论前，应当由负责合法性审查的部门进行合法性审查。不得以征求意见等方式代替合法性审查。

决策草案未经合法性审查或者经审查不合法的，不得提交决策机关讨论。对国家尚无明确规定的探索性改革决策事项，可以明示法律风险，提交决策机关讨论。

第二十六条　送请合法性审查，应当提供决策草案及相关材料，包括有关法律、法规、规章等依据和履行决策法定程序的说明等。提供的材料不符合要求的，负责合法性审查的部门可以退回，或者要求补充。

送请合法性审查，应当保证必要的审查时间，一般不少于7个工作日。

第二十七条　合法性审查的内容包括：

（一）决策事项是否符合法定权限；

（二）决策草案的形成是否履行相关法定程序；

（三）决策草案内容是否符合有关法律、法规、规章和国家政策的规定。

第二十八条　负责合法性审查的部门应当及时提出合法性审查意见，并对合法性审查意见负责。在合法性审查过程中，应当组织法律顾问、公职律师提出法律意见。决策承办单位根据合法性审查意见进行必要的调整或者补充。

第二节　集体讨论决定和决策公布

第二十九条　决策承办单位提交决策机关讨论决策

草案，应当报送下列材料：

（一）决策草案及相关材料，决策草案涉及市场主体经济活动的，应当包含公平竞争审查的有关情况；

（二）履行公众参与程序的，同时报送社会公众提出的主要意见的研究采纳情况；

（三）履行专家论证程序的，同时报送专家论证意见的研究采纳情况；

（四）履行风险评估程序的，同时报送风险评估报告等有关材料；

（五）合法性审查意见；

（六）需要报送的其他材料。

第三十条　决策草案应当经决策机关常务会议或者全体会议讨论。决策机关行政首长在集体讨论的基础上作出决定。

讨论决策草案，会议组成人员应当充分发表意见，行政首长最后发表意见。行政首长拟作出的决定与会议组成人员多数人的意见不一致的，应当在会上说明理由。

集体讨论决定情况应当如实记录，不同意见应当如实载明。

第三十一条　重大行政决策出台前应当按照规定向

同级党委请示报告。

第三十二条　决策机关应当通过本级人民政府公报和政府网站以及在本行政区域内发行的报纸等途径及时公布重大行政决策。对社会公众普遍关心或者专业性、技术性较强的重大行政决策，应当说明公众意见、专家论证意见的采纳情况，通过新闻发布会、接受访谈等方式进行宣传解读。依法不予公开的除外。

第三十三条　决策机关应当建立重大行政决策过程记录和材料归档制度，由有关单位将履行决策程序形成的记录、材料及时完整归档。

第四章　决策执行和调整

第三十四条　决策机关应当明确负责重大行政决策执行工作的单位（以下简称决策执行单位），并对决策执行情况进行督促检查。决策执行单位应当依法全面、及时、正确执行重大行政决策，并向决策机关报告决策执行情况。

第三十五条　决策执行单位发现重大行政决策存在问题、客观情况发生重大变化，或者决策执行中发生不可抗力等严重影响决策目标实现的，应当及时向决策机关报告。

公民、法人或者其他组织认为重大行政决策及其实施存在问题的，可以通过信件、电话、电子邮件等方式向决策机关或者决策执行单位提出意见建议。

第三十六条　有下列情形之一的，决策机关可以组织决策后评估，并确定承担评估具体工作的单位：

（一）重大行政决策实施后明显未达到预期效果；

（二）公民、法人或者其他组织提出较多意见；

（三）决策机关认为有必要。

开展决策后评估，可以委托专业机构、社会组织等第三方进行，决策作出前承担主要论证评估工作的单位除外。

开展决策后评估，应当注重听取社会公众的意见，吸收人大代表、政协委员、人民团体、基层组织、社会组织参与评估。

决策后评估结果应当作为调整重大行政决策的重要依据。

第三十七条　依法作出的重大行政决策，未经法定程序不得随意变更或者停止执行；执行中出现本条例第三十五条规定的情形、情况紧急的，决策机关行政首长可以先决定中止执行；需要作出重大调整的，应当依照本条例履行相关法定程序。

第五章 法律责任

第三十八条 决策机关违反本条例规定的，由上一级行政机关责令改正，对决策机关行政首长、负有责任的其他领导人员和直接责任人员依法追究责任。

决策机关违反本条例规定造成决策严重失误，或者依法应当及时作出决策而久拖不决，造成重大损失、恶劣影响的，应当倒查责任，实行终身责任追究，对决策机关行政首长、负有责任的其他领导人员和直接责任人员依法追究责任。

决策机关集体讨论决策草案时，有关人员对严重失误的决策表示不同意见的，按照规定减免责任。

第三十九条 决策承办单位或者承担决策有关工作的单位未按照本条例规定履行决策程序或者履行决策程序时失职渎职、弄虚作假的，由决策机关责令改正，对负有责任的领导人员和直接责任人员依法追究责任。

第四十条 决策执行单位拒不执行、推诿执行、拖延执行重大行政决策，或者对执行中发现的重大问题瞒报、谎报或者漏报的，由决策机关责令改正，对负有责任的领导人员和直接责任人员依法追究责任。

第四十一条 承担论证评估工作的专家、专业机构、社会组织等违反职业道德和本条例规定的，予以通报批评、责令限期整改；造成严重后果的，取消评估资格、承担相应责任。

第六章 附 则

第四十二条 县级以上人民政府部门和乡级人民政府重大行政决策的作出和调整程序，参照本条例规定执行。

第四十三条 省、自治区、直辖市人民政府根据本条例制定本行政区域重大行政决策程序的具体制度。

国务院有关部门参照本条例规定，制定本部门重大行政决策程序的具体制度。

第四十四条 本条例自2019年9月1日起施行。

司法部负责人就《重大行政决策程序暂行条例》答记者问

2019年4月20日，国务院总理李克强签署国务院令，公布《重大行政决策程序暂行条例》（以下简称《条例》），自2019年9月1日起施行。日前，司法部负责人就《条例》的有关问题回答了记者的提问。

问：为什么要制定《条例》?

答：党中央、国务院高度重视科学民主依法决策。党的十八届四中全会提出，健全依法决策机制，把公众参与、专家论证、风险评估、合法性审查、集体讨论决定确定为重大行政决策的法定程序。近年来，很多地方政府出台了规范重大行政决策程序的文件，科学民主依法决策水平在一定程度上得到提升。但实践中，仍有不少问题需要进一步规范：一些地方决策尊重客观规律不够，听取群众意见不充分，违法决策、专断决策、应及时决策而久拖不决等问题较为突出；一些关系国计民生的重大项目因当地群众不了解、不理解、不支持而引发群体性事件，导致项目无法落地或者匆匆下马。这些问题严重损害政府公信力，有损营商环境，影响改革推进和经济社会发展。为进一步提高重大行政决策质量和效率，有必要制定一部规范重大行政决策程序的行政法规。

问：请谈谈制定《条例》的总体思路。

答：《条例》在制定思路上主要把握了以下几点：一是坚持党的领导。明确要求重大行政决策应当坚持和加强党的全面领导，全面贯彻党的路线方针政策和决策部署，发挥党的领导核心作用，把党的领导贯彻到重大行政决策全过程，要求重大行政决策出台前应当按照规定向同级党委请示报告。二是坚持科学民主依法决策。将科学民主依法决策的要求贯穿于形成决策草案、审查决定、决策执行与调整等决策全过程，通过规范决策过程来提高决策质量和效率。三是坚持问题导向，注重制度设计与当前客观实际、法治政府建设进程相适应。对社会普遍期待、绝大多数地方有条件做到的，提出明确规范；对现阶段难以做到或者只有少数地方能做到的，鼓励有条件的地方探索实践、逐步推广；对需要“因地制宜”“因事制宜”的事项、程序，为各地方自主决策或者相关领域专门立法留有余地。

问:《条例》对重大行政决策的事项范围，是如何规定的?

答：考虑到各地区发展不平衡，地方各级政府决策的影响面和侧重点各有不同，由国家立法统一确定重大行政决策事项的具体标准、范围并不现实，《条例》借鉴地方实践经验，按照突出针对性、具备可行性、保留灵活性、提高透明度的原则，通过“列举+排除”框定重大行政决策事项的范围，允许决策机关结合职责权限和本地实际确定决策事项目录、标准，经同级党委同意后向社会公布并根据实际变化调整。列举的事项包括:(一）制定有关公共服务、市场监管、社会管理、环境保护等方面的重大公共政策和措施;（二）制定经济和社会发展等方面的重要规划;（三）制定开发利用、保护重要自然资源和文化资源的重大公共政策和措施;（四）决定在本行政区域实施的重大公共建设项目;（五）决定对经济社会发展有重大影响、涉及重大公共利益或者社会公众切身利益的其他重大事项。同时，明确排除了3类事项，分别是财政政策、货币政策等宏观调控决策，政府立法决策，突发事件应急处置决策。

问:《条例》在规范重大行政决策的作出程序方面，

作了哪些规定？

答：重大行政决策的作出程序是《条例》规范的主要内容，集中体现了公众参与、专家论证、风险评估、合法性审查、集体讨论决定的程序要求。一是规范决策草案的形成过程，主要规定了公众参与、专家论证和风险评估程序。规定除依法不予公开的外，应当充分听取公众意见；专业性、技术性较强的决策事项应当组织专家论证；决策实施可能对社会稳定、公共安全等方面造成不利影响的，应当组织风险评估。二是明确合法性审查为必经程序。规定决策草案未经合法性审查或者经审查不合法的，不得提交决策机关讨论；明确送请审查需要的材料、时间和合法性审查的内容；要求负责合法性审查的部门及时提出合法性审查意见并对意见负责，决策承办单位根据意见进行必要调整或者补充。三是明确集体讨论决定为必经程序。规定决策草案应当经决策机关常务会议或者全体会议讨论；在坚持行政首长负责制的同时，要求行政首长末位发言，拟作决定与多数人意见不一致时应当说明理由；集体讨论决定情况应当如实记录并与责任追究挂钩。

问：为增强公众参与的实效，《条例》作了哪些规定？

答：公众参与程序直接体现了民主决策。为增强重大行政决策中的公众参与实效，《条例》作出了以下规定：一是在听取意见的方式和对象上，规定可以采取座谈会、听证会、实地走访、书面征求意见、向社会公开征求意见、问卷调查、民意调查等多种方式，并且要求应当采取便于公众参与的方式听取意见。同时，对涉及特定群体利益的决策事项，要求决策承办单位与相关人民团体、社会组织以及群众代表进行沟通协商，充分听取相关群体的意见建议。二是在具体的程序要求上，对向社会公开征求意见和召开听证会这两种方式的程序要求作出具体规定，如要求公布决策草案及其说明等材料，要求明确提出意见的方式和期限或者听证时间、地点等信息。三是在公众意见的研究处理上，规定决策承办单位应当对社会各方面提出的意见进行归纳整理、研究论证，充分采纳合理意见，完善决策草案。

问：为提高专家论证的质量，《条例》作了哪些规定？

答：专家论证是提高决策质量，推进科学决策的重要途径。为充分发挥专家论证的作用，《条例》作了以下规定：一是明确专家论证的基本要求。规定专家、专业机构应当独立开展论证工作，客观、公正、科学地提出论证意见；提供书面论证意见的，应当署名、盖章。二是明确选择专家的标准。规定选择专家、专业机构应当坚持专业性、代表性和中立性，注重选择持不同意见的专家、专业机构，不得选择与决策事项有直接利害关系的专家、专业机构。三是健全专家队伍管理机制。规定省级政府应当建立决策咨询论证专家库，规范专家库运行管理，健全专家诚信考核和退出机制；规定承担论证评估工作的专家、专业机构等违反职业道德和本条例规定的，予以通报批评、责令限期整改；造成严重后果的，取消评估资格、承担相应责任。

问：为充分发挥风险评估的作用，《条例》作了哪些规定？

答：防控决策风险，必须充分发挥风险评估的作用。《条例》主要从以下三个方面进行规范：一是在风险评估的方式方法上，要求运用多种方式、科学方法，充分听取有关部门意见，对决策实施的风险进行科学预测、综合研判。二是在风险评估的成果形式上，要求开展风险评估应当形成风险评估报告，明确风险点，提出风险防范措施和处置预案。三是在风险评估结果运用上，要求把风险评估的结果作为重大行政决策的重要依据。决策机关认为风险可控的，可以作出决策；认为风险不可控的，在采取调整决策草案等措施确保风险可控后，可以作出决策。

问：在重大行政决策的调整程序方面，《条例》是如何规范的？

针对“新官不理旧账”“朝令夕改”等突出问题，《条例》在建立健全决策执行中的问题反馈机制和决策后评估制度基础上，严格规范决策调整程序。《条例》规定，依法作出的重大行政决策未经法定程序不得随意变更或者停止执行，需要作出重大调整的，应当履行相关法定程序。同时，为符合现实需要，对于出现因重大行政决策存在问题、客观情况发生重大变化，或者决策执行中发生不可抗力等严重影响决策目标实现等情形且情况紧急的，规定决策机关行政首长可先决定中止执行。

中国共产党党组工作条例

（2019 年 4 月 6 日）

第一章　总　　则

第一条　为了进一步规范和改进党组工作，坚持和加强党的全面领导，提高党的长期执政能力和领导水平，更好发挥党总揽全局、协调各方的领导核心作用，根据《中国共产党章程》，制定本条例。

第二条　党组是党在中央和地方国家机关、人民团体、经济组织、文化组织和其他非党组织的领导机关中设立的领导机构，在本单位发挥领导作用，是党对非党组织实施领导的重要组织形式。

第三条　党组工作必须坚持以马克思列宁主义、毛泽东思想、邓小平理论、“三个代表”重要思想、科学发展观、习近平新时代中国特色社会主义思想为指导，坚决维护习近平总书记核心地位，坚决维护党中央权威和集中统一领导，切实履行领导职责，充分发挥领导作用，不断提高领导水平，确保本单位全面贯彻党的基本理论、基本路线、基本方略，确保党始终成为中国特色社会主义事业的坚强领导核心。

第四条 党组工作应当遵循以下原则：

（一）坚持旗帜鲜明讲政治，加强党的领导，增强“四个意识”、坚定“四个自信”、做到“两个维护”，坚决贯彻落实党的理论和路线方针政策，坚决贯彻落实党中央重大决策部署，在思想上政治上行动上同以习近平同志为核心的党中央保持高度一致；

（二）坚持全面从严治党，担当管党治党主体责任，贯彻新时代党的建设总要求，贯彻新时代党的组织路线，推动全面从严治党向纵深发展；

（三）坚持民主集中制，确保党组活力和坚强有力，推动形成良好政治局面；

（四）坚持依据党章党规开展工作，在宪法法律范围内活动；

（五）坚持正确领导方式，实现党组发挥领导作用与本单位领导班子依法依章程履行职责相统一。

第五条 党中央和地方各级党委加强对党组工作的领导。党组必须服从批准其设立的党组织领导。

党委组织部门负责党组设立审核、日常管理等方面的具体工作，纪检监察机关、党的机关工委和其他工作机关根据职责做好相关工作。

第二章 设 立

第六条 中央和地方国家机关、人民团体、经济组织、文化组织和其他非党组织的领导机关中，有党员领导成员3人以上的，经批准可以设立党组。

第七条 下列单位一般应当设立党组：

（一）县级以上人大常委会、政府、政协、法院、检察院；

（二）县级以上政府工作部门、派出机关（街道办事处除外）、直属事业单位；

（三）县级以上工会、妇联等人民团体；

（四）中管企业；

（五）县级以上政府设立的有关管委会的工作部门；

（六）其他有必要设立党组的单位。

第八条 下列单位经党中央批准，可以设立党组：

（一）全国性的重要文化组织、社会组织；

（二）其他需要设立党组的单位。

第九条 下列单位一般不设立党组：

（一）领导机关中的党员领导成员不足 3 人的；

（二）与党的机关合并设立或者合署办公的；

（三）由党的机关代管或者管理等并纳入党的机关序列的；

（四）县级以上政府直属事业单位以外的其他事业单位；

（五）共青团组织；

（六）中管企业的下属企业，地方国有企业；

（七）地方文化组织、社会组织。

第十条 市级以上人大常委会、政府、政协，应当设立机关党组。

县级人大常委会、政府、政协根据工作需要，可以设立机关党组。

人大常委会、政府、政协设立机关党组的，其办公厅（室）不再设立党组。

第十一条 下列单位经批准，可以设立分党组：

（一）国务院有关部门的派出机构；

（二）具有行业、系统管理需要的国务院有关直属事业单位、中央一级有关人民团体的下属单位；

（三）省级以上人大、政协的专门委员会；

（四）市级以上法院、检察院的派出机构。

设立分党组的单位，其下属单位不再设立分党组。

第十二条 党组的设立，应当由党中央或者本级地方党委审批。有关管委会的工作部门设立党组，由本级党委授权管委会党工委审批。党组不得审批设立党组。

分党组的设立，由党组报本级党委组织部门审批。

新成立的有关单位符合设立党组条件的，党中央或者本级地方党委可以根据需要作出设立党组的决定，也可以由需要设立党组的单位或者其上级主管部门党组织提出设立申请，由党中央或者本级地方党委审批。

变更、撤销党组的，由批准其设立的党组织作出决定。

第十三条 国家机关、人民团体党组一般不设立工作机构，确需设立的经批准可以在本单位有关内设机构加挂党组办公室牌子。

第十四条 党组设书记，必要时可以设副书记。

党组书记一般由本单位领导班子主要负责人担任，主要负责人不是中共党员或者由上级领导兼任以及因其他情况不宜担任党组书记的，党组书记、主要负责人可以分设。党组其他成员一般由本单位领导班子成员中的党员干部、派驻本单位的纪检监察组组长担任，必要时也可以由本单位重要职能部门或者下属单位党员主要负责人担任。

国有企业党组书记根据企业内部治理结构形式确定，建立董事会的一般由董事长担任，未建立董事会的一般由总经理担任。党组其他成员一般由进入董事会、监事会、经理层的党员领导人员和纪检监察组组长（派驻本企业的纪检监察组组长）根据工作需要担任。

党组成员一般设3至7人。副省部级以上单位、中管企业党组成员一般不超过9人，个别单位确需增加的，由党中央决定。市县两级政府及县级以上地方政府个别工作部门确需增加的，按程序报请省级党委批准，但总数不得超过9人。

第十五条　党组成员除应当具备党章和《党政领导干部选拔任用工作条例》规定的党员领导干部的基本条件外，还应当有3年以上党龄，其中厅局级以上单位的党组成员应当有5年以上党龄。

党组成员的任免一般由批准设立党组的党组织决定。实行双重领导的单位设立党组的，其党组成员的任免按照干部管理权限执行。分党组成员的任免由上级单位党组决定。企业党组成员的任免，按照干部管理权限执行。

第三章　职　　责

第十六条　党组发挥把方向、管大局、保落实的领导作用，全面履行领导责任，加强对本单位业务工作和党的建设的领导，推动党的主张和重大决策转化为法律法规、政策政令和社会共识，确保党的理论和路线方针政策的贯彻落实。

第十七条　党组讨论和决定本单位下列重大问题：

（一）贯彻落实党中央以及上级党组织决策部署的重大举措；

（二）制定拟订法律法规规章和重要规范性文件中的重大事项；

（三）业务工作发展战略、重大部署和重大事项；

（四）重大改革事项；

（五）重要人事任免等事项；

（六）重大项目安排；

（七）大额资金使用、大额资产处置、预算安排；

（八）职能配置、机构设置、人员编制事项；

（九）审计、巡视巡察、督查检查、考核奖惩等重大事项；

（十）重大思想动态的政治引导；

（十一）党的建设方面的重大事项；

（十二）其他应当由党组讨论和决定的重大问题。

党组应当紧密结合本单位实际，对前款规定的重大问题进行明确细化、列出具体清单。清单内容根据需要动态调整。

第十八条　党组必须坚持党建工作与业务工作同谋划、同部署、同推进、同考核，加强对本单位党的建设的领导，落实新时代党的建设总要求，履行全面从严治党责任，提高党的建设质量。具体包括：

（一）把党的政治建设摆在首位，增强“四个意识”、坚定“四个自信”、做到“两个维护”，提高政治站位，彰显政治属性，强化政治引领，切实增强政治能力，始终在政治立场、政治方向、政治原则、政治道路上同以习近平同志为核心的党中央保持高度一致；

（二）强化理论武装，组织学习习近平新时代中国特色社会主义思想，推进“两学一做”学习教育常态化制度化，引导党员、干部坚定理想信念宗旨，自觉加强党性锻炼；

（三）落实意识形态工作责任制，确保业务工作体现意识形态工作要求、维护意识形态安全；

（四）按照党管干部、党管人才原则，加强高素质专业化干部队伍建设，做好人才工作；

（五）加强党的基层组织建设和党员队伍建设，讨论和决定基层党组织设置调整和发展党员、处分党员等重要事项；

（六）加强和改进作风，密切联系群众，严格落实中央八项规定精神，坚决反对“四风”特别是形式主义、官僚主义；

（七）加强党的纪律建设，履行党风廉政建设主体责任，支持纪检监察机关履行监督责任；

（八）推进建章立制，建立健全体现党中央要求、符合本单位特点、比较完备、务实管用的党建工作制度，并抓好落实。

党组领导机关和直属单位党组织的工作，支持配合党的机关工委对本单位党的工作的统一领导，自觉接受党的机关工委对其履行机关党建主体责任的指导督促。

党组书记必须认真履行抓党建第一责任人职责，党组其他成员按照“一岗双责”要求抓好职责范围内党的建设工作。

第十九条 党组应当加强对本单位统战工作和工会、共青团、妇联等群团工作的领导，重视对党外干部、人才的培养使用，更好团结带领党外干部和群众，凝聚各方面智慧力量，完成党中央以及上级党组织交给的任务。

第二十条 实行双重领导并以上级单位领导为主的单位党组，可以讨论和决定本系统工作规划部署、机构设置、干部队伍管理、党的建设等重要事项。

国有企业党组讨论和决定重大事项时，应当与《中华人民共和国公司法》、《中华人民共和国企业国有资产法》等法律法规相符合，并与公司章程相衔接。重大经营管理事项必须经党组研究讨论后，再由董事会或者经理层作出决定。

第二十一条 党组书记主持党组全面工作，负责召集和主持党组会议，组织党组活动，签发党组文件。

党组副书记和党组其他成员根据党组决定，按照授权负责有关工作，行使相关职权。

党组书记空缺时，上级党组织可以指定党组副书记或者党组其他成员主持党组日常工作。

第二十二条 党组及其成员应当自觉加强自身建设，坚定政治信仰，增强“四个意识”、坚定“四个自信”、做到“两个维护”，严肃党内政治生活，严守党的纪律规矩，弘扬党的优良传统作风，不断提高领导本领，敢于担当负责，自觉接受监督，在深入学习贯彻习近平新时代中国特色社会主义思想上作表率，在始终同以习近平同志为核心的党中央保持高度一致上作表率，在坚决贯彻落实党中央决策部署上作表率。

第四章 组织原则

第二十三条 党组及其成员必须始终在政治立场、政治方向、政治原则、政治道路上同以习近平同志为核心的党中央保持高度一致，坚决执行党中央决策部署以及上级党组织决定，党组任何工作部署都必须以贯彻党中央精神为前提，坚决维护习近平总书记核心地位，坚决维护党中央权威和集中统一领导。

第二十四条 下列党组在履行职责过程中，除必须服从批准其设立的党组织领导外，还应当按照规定接受有关党组的领导或者指导：

（一）人大常委会机关党组、政府机关党组、政协机关党组，分别接受人大常委会党组、政府党组、政协党组的领导；

（二）政府工作部门党组、政府派出机关党组、政府直属事业单位党组，接受政府党组的指导督促；

（三）政府工作部门管理的单位党组，接受部门党组的指导督促；

（四）实行双重领导的单位党组，接受上级单位党组的领导。

中央组织部负责全国国有企业党建工作的宏观指导，会同国务院国资委党委履行对中管企业党建工作的具体指导职能，国务院国资委党委履行对中管企业党建工作的日常管理职责。

第二十五条　分党组应当接受上级单位党组的领导，上级单位设立机关党组的，还应当接受机关党组的指导。

第二十六条　党组应当按照《中国共产党重大事项请示报告条例》等有关规定，向批准其设立的党组织和其他有关党组织请示报告工作。

县级以上人大常委会党组、政府党组、政协党组、法院党组、检察院党组应当按照规定，向本级党委请示报告工作。

第二十七条　党组对有关重要问题作出决定时，应当根据需要充分征求机关和直属单位党组织以及本单位党员群众的意见，重要情况应当及时进行通报。党组应当按照规定实行党务公开。

第二十八条 党组实行集体领导制度。凡属党组职责范围内的事项，必须执行少数服从多数的原则，由党组成员集体讨论和决定，任何个人或者少数人无权擅自决定。

党组书记应当带头执行民主集中制，不得凌驾于组织之上，不得独断专行。党组其他成员应当对党组讨论和决定的事项积极提出意见和建议。

党组成员必须坚决服从党组集体决定，有不同意见的，在坚决执行的前提下，可以声明保留，也可以向上级党组织反映，但不得在其他场合发表不同意见。

第二十九条 以党组名义发布或者上报的文件、发表的文章，党组成员代表党组的讲话和报告，应当事先经党组集体讨论或者传批审定。党组成员署名发表或者出版同工作有关的文章、著作、言论，应当事先经党组审定或者党组书记批准。

党组成员在调查研究、检查指导工作或者参加其他公务活动时发表的个人意见，应当符合党中央以及上级党组织、党组的有关精神。

第五章 决策与执行

第三十条 党组应当按照集体领导、民主集中、个别酝酿、会议决定的原则作出决策，实行科学决策、民主决策、依法决策。

第三十一条 党组作出重大决策，一般应当经过调查研究、征求意见、充分酝酿等程序，按照规则由集体讨论和决定。

党组讨论和决定人事任免事项，应当严格按照《党政领导干部选拔任用工作条例》等有关规定执行。

党组讨论和决定基层党组织设置调整和发展党员、处分党员重要事项，应当严格按照党章党规和党中央有关规定执行。

第三十二条 党组决策一般采用党组会议形式。党组会议一般每月召开1次，遇有重要情况可以随时召开。

党组会议议题由党组书记提出，或者由党组其他成员提出建议、党组书记综合考虑后确定。会议议题应当提前书面通知党组成员。

第三十三条 党组会议应当有半数以上党组成员到会方可召开，讨论和决定干部任免、处分党员事项必须有三分之二以上党组成员到会。党组成员因故不能参加会议的应当在会前请假，其意见可以用书面形式表达。党组会议议题涉及本人或者其亲属以及存在其他需要回避情形的，有关党组成员应当回避。

根据工作需要，召开党组会议可以请不是党组成员的本单位领导班子成员列席。会议召集人可以根据议题指定有关人员列席会议。批准其设立的党组织等可以派员列席党组会议。

第三十四条　党组会议议题提交表决前，应当进行充分讨论。

表决可以采用口头、举手、无记名投票或者记名投票等方式进行，赞成票超过应到会党组成员半数为通过。未到会党组成员的书面意见不得计人票数。表决实行会议主持人末位表态制。会议研究决定多个事项的，应当逐项进行表决。

党组会议由专门人员如实记录，决定事项应当编发会议纪要，并按照规定存档备查。

第三十五条　党组决策一经作出，应当坚决执行。党组应当督促推动本单位领导班子依法依章程及时全面落实党组决策。党组成员应当在职责范围内认真抓好党组决策贯彻落实。

党组应当建立有效的督查、评估和反馈机制，确保党组决策落实。

第六章　党组性质党委

第三十六条　党组性质党委，是指党在对下属单位实行集中统一领导的国家工作部门和有关单位的领导机关中设立的领导机构，在本单位、本系统发挥领导作用。

党组性质党委，由上级党组织直接批准设立，不同于由选举产生的地方党委和基层党委。

第三十七条　下列国家工作部门和单位经批准，可以设立党组性质党委：

（一）对下属单位实行集中统一领导的国家工作部门；

（二）根据中央授权对有关单位实行集中统一领导的国家工作部门；

（三）政治要求高、工作性质特殊、系统规模大的国家工作部门；

（四）对下级单位实行垂直管理的国家工作部门；

（五）金融监管机构；

（六）中管金融企业。

地方国家机关设立党组性质党委，一般应当同中央国家机关对应。

第三十八条　党组性质党委的设立、变更和撤销，一般应当由党中央或者本级地方党委审批。

对下属单位实行集中统一领导的国家工作部门和单位党组性质党委，根据党中央授权可以负责审批下属单位党组性质党委的设立、变更和撤销。

党组性质党委根据需要并按照规定权限和程序审批后，可以设立工作机构。

第三十九条　党组性质党委除履行本条例第三章规定的党组相关职责外，还领导或者指导本系统党组织的工作，讨论和决定下属单位工作规划部署、机构设置、干部队伍管理、党的建设等重要事项。

第七章　监督与追责

第四十条　建立党组（党委）书记述责述廉制度。批准设立党组（党委）的党组织根据需要可以听取党组（党委）书记报告履职情况，加强对权力运行的监督制约。

建立党组（党委）及其成员履职考核制度，一般由批准设立党组（党委）的党组织负责考核，纪检监察机关、党的有关工作机关、党的机关工委参与。

实行双重领导且以上级单位领导为主的单位党组（党委）及其成员，可以由上级单位党组（党委）会同地方党委组织开展考核。具体考核工作按照党中央有关规定执行。

实行垂直管理单位的党组性质党委及其成员，由上级单位党组性质党委组织开展考核，如有需要，可以按照规定征求地方党委意见。

党组（党委）及其成员执行本条例情况，应当自觉接受纪检监察机关、本单位基层党组织和党员群众的监督，纳入巡视巡察范围和党员民主评议内容。

第四十一条 党组（党委）及其成员、有关党组织及其工作人员应当严格按照本条例履行职责。违反本条例的，根据情节轻重，给予批评教育、责令作出检查、诫勉、通报批评或者调离岗位、责令辞职、免职、降职等处理，或者依规依纪依法给予处分；涉嫌犯罪的，依法追究刑事责任。

对发生集体违反本条例行为的，或者在其他党组

（党委）成员出现严重违反本条例行为上存在重大过失的，还应当追究党组（党委）书记的相关责任。

党组（党委）重大决策失误的，对参与决策的党组（党委）成员实行终身责任追究。

党组（党委）成员在讨论和决定有关事项时，对重大失误决策明确持不赞成态度或者保留意见的，应当免除或者减轻责任。

第八章　附　　则

第四十二条　党组性质党委、机关党组、分党组的设立和运行等，除本条例有专门规定外，适用党组有关规定。

第四十三条　党组（党委）应当根据本条例，结合实际制定和完善工作规则。

第四十四条　本条例由中央组织部会同中央办公厅解释。

第四十五条　本条例自 2019 年 4 月 6 日起施行。2015 年 6 月 11 日中共中央印发的《中国共产党党组工作条例（试行）》同时废止。其他有关党组（党委）规定，凡与本条例不一致的，按照本条例执行。

法治政府建设实施纲要（2015－2020年）

（2015年12月23日　中发〔2015〕36号）

党的十八大把法治政府基本建成确立为到2020年全面建成小康社会的重要目标之一，意义重大、影响深远、任务艰巨。为深入推进依法行政，加快建设法治政府，如期实现法治政府基本建成的奋斗目标，针对当前法治政府建设实际，制定本纲要。

一、总体要求

（一）指导思想

高举中国特色社会主义伟大旗帜，全面贯彻党的十八大和十八届二中、三中、四中、五中全会精神，以马克思列宁主义、毛泽东思想、邓小平理论、“三个代表”重要思想、科学发展观为指导，深入贯彻习近平总书记系列重要讲话精神，根据全面建成小康社会、全面深化改革、全面依法治国、全面从严治党的战略布局，围绕建设中国特色社会主义法治体系、建设社会主义法治国家的全面推进依法治国总目标，坚持依法治国、依法执政、依法行政共同推进，坚持法治国家、法治政府、法治社会一体建设，深入推进依法行政，加快建设法治政府，培育和践行社会主义核心价值观，弘扬社会主义法治精神，推进国家治理体系和治理能力现代化，为实现“两个一百年”奋斗目标、实现中华民族伟大复兴的中国梦提供有力法治保障。

（二）总体目标

经过坚持不懈的努力，到2020年基本建成职能科学、权责法定、执法严明、公开公正、廉洁高效、守法诚信的法治政府。

（三）基本原则

建设法治政府必须坚持中国共产党的领导，坚持人民主体地位，坚持法律面前人人平等，坚持依法治国和以德治国相结合，坚持从中国实际出发，坚持依宪施政、依法行政、简政放权，把政府工作全面纳入法治轨道，实行法治政府建设与创新政府、廉洁政府、服务型政府建设相结合。

（四）衡量标准

政府职能依法全面履行，依法行政制度体系完备，行政决策科学民主合法，宪法法律严格公正实施，行政权力规范透明运行，人民权益切实有效保障，依法行政能力普遍提高。

二、主要任务和具体措施

（一）依法全面履行政府职能

目标：牢固树立创新、协调、绿色、开放、共享的发展理念，坚持政企分开、政资分开、政事分开、政社分开，简政放权、放管结合、优化服务，政府与市场、政府与社会的关系基本理顺，政府职能切实转变，宏观调控、市场监管、社会管理、公共服务、环境保护等职责依法全面履行。

措施：

1. 深化行政审批制度改革。全面清理行政审批事项，全部取消非行政许可审批事项。最大程度减少对生产经营活动的许可，最大限度缩小投资项目审批、核准的范围，最大幅度减少对各类机构及其活动的认定。取消不符合行政许可法规定的资质资格准入许可，研究建立国家职业资格目录清单管理制度。直接面向基层、量大面广、由地方实施更方便有效的行政审批事项，一律下放地方和基层管理。加大取消和下放束缚企业生产经营、影响群众就业创业行政许可事项的力度，做好已取消和下放行政审批事项的落实和衔接，鼓励大众创业、万众创新。严格控制新设行政许可，加强合法性、必要性、合理性审查论证。对增加企业和公民负担的证照进行清理规范。对保留的行政审批事项，探索目录化、编码化管理，全面推行一个窗口办理、并联办理、限时办理、规范办理、透明办理、网上办理，提高行政效能，激发社会活力。加快投资项目在线审批监管平台建设，实施在线监测并向社会公开，2015 年实现部门间的横向联通及中央和地方的纵向贯通。加快推进相对集中行政许可权工作，支持地方开展相对集中行政许可权改革试点。全面清理规范行政审批中介服务，对保留的行政审批中介服务实行清单管理并向社会公布，坚决整治“红顶中介”，切断行政机关与中介服务机构之间的利益链，推进中介服务行业公平竞争。

2. 大力推行权力清单、责任清单、负面清单制度并实行动态管理。在全面梳理、清理调整、审核确认、优化流程的基础上，将政府职能、法律依据、实施主体、职责权限、管理流程、监督方式等事项以权力清单的形式向社会公开，逐一厘清与行政权力相对应的责任事项、责任主体、责任方式。省级政府 2015 年年底前、市县两级政府2016年年底前基本完成政府工作部门、依法承担行政职能的事业单位权力清单的公布工作。开展编制国务院部门权力和责任清单试点。实行统一的市场准入制度，在制定负面清单基础上，各类市场主体可依法平等进入清单之外领域。建立行政事业性收费和政府性基金清单制度，清理取消不合法、不合规、不合理的收费基金项目，公布全国性、中央部门和单位及省级收费目录清单，减轻企业和公民负担。2015年年底前，没有法律法规依据且未按规定批准、越权设立的收费基金项目，政府提供普遍公共服务或体现一般性管理职能的行政事业性收费，没有法定依据的行政审批中介服务项目及收费，一律取消；擅自提高征收标准、扩大征收范围的，一律停止执行。

3. 优化政府组织结构。完善行政组织和行政程序法律制度，推进机构、职能、权限、程序、责任法定化。深化行政体制改革，优化政府机构设置、职能配置、工作流程，理顺部门职责关系，积极稳妥实施大部门制。创新行政管理方式，完善政府绩效管理。推进各级政府事权规范化、法律化，完善不同层级政府特别是中央和地方政府事权法律制度，强化中央政府宏观管理、制度设定职责和必要的执法权，强化省级政府统筹推进区域内基本公共服务均等化职责，强化市县政府执行职责。

4. 完善宏观调控。健全发展规划、投资管理、财政税收、金融等方面法律制度，加强发展战略、规划、政策、标准等制定和实施。切实转变政府投资管理职能，确立企业投资主体地位，制定并公开企业投资项目核准目录清单。完善主要由市场决定价格的机制，大幅缩减政府定价种类和项目，制定并公布政府定价目录，全面放开竞争性领域商品和服务价格。

5. 加强市场监管。清理、废除妨碍全国统一市场和公平竞争的各种规定和做法，破除部门保护、地区封锁和行业垄断。深化商事制度改革，继续清理工商登记前置审批，加快工商登记后置审批改革。进一步推进工商注册登记制度便利化，2015 年年底前实现工商营业执照、组织机构代码证、税务登记证“三证合一”、“一照一码”。推行电子营业执照和全程电子化登记，实行“一址多照”和“一照多址”。加强事中事后监管，创新市场监管方式，完善市场监管体系，建立透明、规范、高效的投资项目纵横联动、协同监管机制，实行综合监管，推广随机抽查，探索“智能”监管。加强社会信用体系建设，建立健全全国统一的社会信用代码制度和信用信息共享交换平台，推进企业信用信息公示“全国一张网”建设，依法保护企业和个人信息安全。完善外资管理法律法规，保持外资政策稳定、透明、可预期。健全对外投资促进制度和服务体系，支持企业扩大对外投资，推动装备、技术、标准、服务走出去。

6. 创新社会治理。加强社会治理法律、体制机制、能力、人才队伍和信息化建设，提高社会治理科学化和法治化水平。完善社会组织登记管理制度。适合由社会组织提供的公共服务和解决的事项，交由社会组织承担。支持和发展社会工作服务机构和志愿服务组织。规范和引导网络社团社群健康发展，加强监督管理。深入推进社会治安综合治理，健全落实领导责任制。完善立体化社会治安防控体系，有效防范管控影响社会安定的问题，保护人民生命财产安全。提高公共突发事件防范处置和防灾救灾减灾能力。全方位强化安全生产，全过程保障食品药品安全。推进社会自治，发挥市民公约、乡规民约、行业规章、团体章程等社会规范在社会治理中的积极作用。

7. 优化公共服务。着力促进教育、卫生、文化等社会事业健康发展，强化政府促进就业、调节收入分配和完善社会保障职能，加快形成政府主导、覆盖城乡、可持续的基本公共服务体系，实现基本公共服务标准化、均等化、法定化。建立健全政府购买公共服务制度，公开政府购买公共服务目录，加强政府购买公共服务质量监管。推进公共服务提供主体和提供方式多元化，凡属事务性管理服务，原则上都要引入竞争机制向社会购买；确需政府参与的，实行政府和社会资本合作模式。

8. 强化生态环境保护。加快建立和完善有效约束开发行为和促进绿色发展、循环发展、低碳发展的生态文明法律制度。深化资源型产品价格和税费改革，实行资源有偿使用制度和生态补偿制度。改革生态环境保护管理体制，完善并严格实行环境信息公开制度、环境影响评价制度和污染物排放总量控制制度。健全生态环境保护责任追究制度和生态环境损害赔偿制度。对领导干部实行自然资源资产离任审计。

（二）完善依法行政制度体系

目标：提高政府立法质量，构建系统完备、科学规范、运行有效的依法行政制度体系，使政府管理各方面制度更加成熟更加定型，为建设社会主义市场经济、民主政治、先进文化、和谐社会、生态文明，促进人的全面发展，提供有力制度保障。

措施：

9. 完善政府立法体制机制。严格落实立法法规定，坚持立改废释并举，完善行政法规、规章制定程序，健全政府立法立项、起草、论证、协调、审议机制，推进政府立法精细化，增强政府立法的及时性、系统性、针对性、有效性。完善立法项目向社会公开征集制度。通过开展立法前评估等方式，健全立法项目论证制度。重要行政管理法律法规由政府法制机构组织起草，有效防止部门利益和地方保护主义法律化。对部门间争议较大的重要立法事项，由决策机关引入第三方评估，充分听取各方意见，协调决定，不能久拖不决。探索委托第三方起草法律法规规章草案。定期开展法规规章立法后评估，提高政府立法科学性。对不适应改革和经济社会发展要求的法律法规规章，要及时修改和废止。加强行政法规、规章解释工作。

10. 加强重点领域政府立法。围绕党和国家中心工作，加快推进完善社会主义市场经济体制，发展社会主义民主政治，建设社会主义先进文化，创新社会治理，保障公民权利和改善民生，维护国家安全，保护生态环境和加强政府自身建设等领域的政府立法。坚持在法治下推进改革、在改革中完善法治，实现立法和改革决策相统一、相衔接，做到重大改革于法有据、立法主动适应改革和经济社会发展需要。对实践证明已经比较成熟的改革经验和行之有效的改革举措，要及时上升为法律法规规章。

11. 提高政府立法公众参与度。拓展社会各方有序参与政府立法的途径和方式。健全法律法规规章起草征求人大代表意见制度，充分发挥政协委员、民主党派、工商联、无党派人士、人民团体、社会组织在立法协商中的作用。建立有关国家机关、社会团体、专家学者等对政府立法中涉及的重大利益调整论证咨询机制。拟设定的制度涉及群众切身利益或各方面存在较大意见分歧的，要采取座谈会、论证会、听证会、问卷调查等形式广泛听取意见。除依法需要保密的外，法律法规规章草案要通过网络、报纸等媒体向社会公开征求意见，期限一般不少于 30 日。加强与社会公众的沟通，健全公众意见采纳情况反馈机制，广泛凝聚社会共识。

12. 加强规范性文件监督管理。完善规范性文件制定程序，落实合法性审查、集体讨论决定等制度，实行制定机关对规范性文件统一登记、统一编号、统一印发制度。规范性文件不得设定行政许可、行政处罚、行政强制等事项，不得减损公民、法人和其他组织合法权益或者增加其义务。涉及公民、法人和其他组织权利义务的规范性文件，应当按照法定要求和程序予以公布，未经公布的不得作为行政管理依据。加强备案审查制度和能力建设，把所有规范性文件纳入备案审查范围，健全公民、法人和其他组织对规范性文件的建议审查制度，加大备案审查力度，做到有件必备、有错必纠。

13. 建立行政法规、规章和规范性文件清理长效机制。根据全面深化改革、经济社会发展需要，以及上位法制定、修改、废止情况，及时清理有关行政法规、规章、规范性文件。自 2015 年起用 3 年时间，对国务院文件进行全面清理，清理结果向社会公布。2017 年年底前，有关部门和地方政府要完成对现行行政法规、规章、规范性文件的清理工作，清理结果向社会公布。实行行政法规、规章、规范性文件目录和文本动态化、信息化管理，各级政府及其部门要根据规范性文件立改废情况及时作出调整并向社会公布。

（三）推进行政决策科学化、民主化、法治化

目标：行政决策制度科学、程序正当、过程公开、责任明确，决策法定程序严格落实，决策质量显著提高，决策效率切实保证，违法决策、不当决策、拖延决策明显减少并得到及时纠正，行政决策公信力和执行力大幅提升。

措施：

14. 健全依法决策机制。完善重大行政决策程序制度，明确决策主体、事项范围、法定程序、法律责任，规范决策流程，强化决策法定程序的刚性约束。

15. 增强公众参与实效。事关经济社会发展全局和涉及群众切身利益的重大行政决策事项，应当广泛听取意见，与利害关系人进行充分沟通，并注重听取有关人大代表、政协委员、人民团体、基层组织、社会组织的意见。各级行政机关特别是市县两级政府要加强公众参与平台建设，对社会关注度高的决策事项，应当公开信息、解释说明，及时反馈意见采纳情况和理由。推行文化教育、医疗卫生、资源开发、环境保护、公用事业等重大民生决策事项民意调查制度。

16. 提高专家论证和风险评估质量。加强中国特色新

型智库建设，建立行政决策咨询论证专家库。对专业性、技术性较强的决策事项，应当组织专家、专业机构进行论证。选择论证专家要注重专业性、代表性、均衡性，支持其独立开展工作，逐步实行专家信息和论证意见公开。落实重大决策社会稳定风险评估机制。

17. 加强合法性审查。建立行政机关内部重大决策合法性审查机制，未经合法性审查或经审查不合法的，不得提交讨论。建立政府法制机构人员为主体、吸收专家和律师参加的法律顾问队伍，保证法律顾问在制定重大行政决策、推进依法行政中发挥积极作用。

18. 坚持集体讨论决定。重大行政决策应当经政府常务会议或者全体会议、部门领导班子会议讨论，由行政首长在集体讨论基础上作出决定。行政首长拟作出的决定与会议组成人员多数人的意见不一致的，应当在会上说明理由。集体讨论情况和决定要如实记录、完整存档。

19. 严格决策责任追究。决策机关应当跟踪决策执行情况和实施效果，根据实际需要进行重大行政决策后评估。健全并严格实施重大决策终身责任追究制度及责任倒查机制，对决策严重失误或者依法应该及时作出决策但久拖不决造成重大损失、恶劣影响的，严格追究行政首长、负有责任的其他领导人员和相关责任人员的党纪政纪和法律责任。

（四）坚持严格规范公正文明执法

目标：权责统一、权威高效的行政执法体制建立健全，法律法规规章得到严格实施，各类违法行为得到及时查处和制裁，公民、法人和其他组织的合法权益得到切实保障，经济社会秩序得到有效维护，行政违法或不当行为明显减少，对行政执法的社会满意度显著提高。

措施：

20. 改革行政执法体制。根据不同层级政府的事权和职能，按照减少层次、整合队伍、提高效率的原则，合理配置执法力量。推进执法重心向市县两级政府下移，把机构改革、政府职能转变调整出来的人员编制重点用于充实基层执法力量。完善市县两级政府行政执法管理，加强统一领导和协调。大幅减少市县两级政府执法队伍种类，重点在食品药品安全、工商质检、公共卫生、安全生产、文化旅游、资源环境、农林水利、交通运输、城乡建设、海洋渔业、商务等领域内推行综合执法，支持有条件的领域推行跨部门综合执法。加大关系群众切身利益的重点领域执法力度。理顺城管执法体制，加强城市管理综合执法机构和队伍建设，提高执法和服务水平。理顺行政强制执行体制，科学配置行政强制执行权，提高行政强制执行效率。健全行政执法和刑事司法衔接机制，完善案件移送标准和程序，建立健全行政执法机关、公安机关、检察机关、审判机关信息共享、案情通报、案件移送制度。

21. 完善行政执法程序。建立健全行政裁量权基准制度，细化、量化行政裁量标准，规范裁量范围、种类、幅度。建立执法全过程记录制度，制定行政执法程序规范，明确具体操作流程，重点规范行政许可、行政处罚、行政强制、行政征收、行政收费、行政检查等执法行为。健全行政执法调查取证、告知、罚没收入管理等制度，明确听证、集体讨论决定的适用条件。完善行政执法权限协调机制，及时解决执法机关之间的权限争议，建立异地行政执法协助制度。严格执行重大行政执法决定法制审核制度，未经法制审核或者审核未通过的，不得作出决定。

22. 创新行政执法方式。推行行政执法公示制度。加强行政执法信息化建设和信息共享，有条件的地方和部门2016年年底前要建立统一的行政执法信息平台，完善网上执法办案及信息查询系统。强化科技、装备在行政执法中的应用。推广运用说服教育、劝导示范、行政指导、行政奖励等非强制性执法手段。健全公民和组织守法信用记录，完善守法诚信褒奖机制和违法失信行为惩戒机制。

23. 全面落实行政执法责任制。严格确定不同部门及机构、岗位执法人员的执法责任，建立健全常态化的责任追究机制。加强执法监督，加快建立统一的行政执法监督网络平台，建立健全投诉举报、情况通报等制度，坚决排除对执法活动的干预，防止和克服部门利益和地方保护主义，防止和克服执法工作中的利益驱动，惩治执法腐败现象。

24. 健全行政执法人员管理制度。2016 年年底前，各地区各部门对行政执法人员进行一次严格清理，全面实行行政执法人员持证上岗和资格管理制度，未经执法资格考试合格，不得授予执法资格，不得从事执法活动。健全纪律约束机制，加强职业道德教育，全面提高执法人员素质。逐步推行行政执法人员平时考核制度，科学合理设计考核指标体系，考核结果作为执法人员职务级别调整、交流轮岗、教育培训、奖励惩戒的重要依据。

规范执法辅助人员管理，明确其适用岗位、身份性质、职责权限、权利义务、聘用条件和程序等。

25. 加强行政执法保障。推动形成全社会支持行政执法机关依法履职的氛围。对妨碍行政机关正常工作秩序、阻碍行政执法人员依法履责的违法行为，坚决依法处理。各级党政机关和领导干部要支持行政执法机关依法公正行使职权，不得让行政执法人员做不符合法律规定的事情。行政机关履行执法职责所需经费，由各级政府纳入本级政府预算，保证执法经费足额拨付。改善执法条件，合理安排执法装备配备、科技建设方面的投入。严格执行罚缴分离和收支两条线管理制度，严禁下达或者变相下达罚没指标，严禁将行政事业性收费、罚没收入同部门利益直接或者变相挂钩。

（五）强化对行政权力的制约和监督

目标：科学有效的行政权力运行制约和监督体系基本形成，惩治和预防腐败体系进一步健全，各方面监督形成合力，人民群众的知情权、参与权、表达权、监督权得到切实保障，损害公民、法人和其他组织合法权益的违法行政行为得到及时纠正，违法行政责任人依法依纪受到严肃追究。

措施：

26. 健全行政权力运行制约和监督体系。坚持用制度管权管事管人，坚持决策权、执行权、监督权既相互制约又相互协调，完善各方面监督制度，确保行政机关按照法定权限和程序行使权力。起草法律法规规章和规范性文件，要有效落实公开行政权力运行流程、惩治和预防腐败、防控廉政风险、防止利益冲突等要求，切实把权力关进制度的笼子。加强行政程序制度建设，严格规范作出各类行政行为的主体、权限、方式、步骤和时限。发挥政府诚信建设示范作用，加快政府守信践诺机制建设。加强公务员诚信管理，建立公务员诚信档案。

27. 自觉接受党内监督、人大监督、民主监督、司法监督。在党委对党风廉政建设和反腐败工作的统一领导下，各级政府及其部门党组（党委）要切实履行主体责任，主要负责人是第一责任人，对本级政府本部门党风廉政建设负总责。认真执行向本级人大及其常委会报告工作制度，接受询问和质询制度，报备行政法规、规章制度。认真研究处理人大及其常委会组成人员对政府工作提出的有关审议意见，及时研究办理人大代表和政协委员提出的意见和建议，切实改进工作。健全知情明政机制，政府相关部门向政协定期通报有关情况，为政协委员履职提供便利、创造条件。支持人民法院依法受理行政案件，健全行政机关依法出庭应诉制度，尊重并执行人民法院生效裁判。检察机关对在履行职责中发现的行政违法行为进行监督，行政机关应当积极配合。

28. 加强行政监督和审计监督。完善政府内部层级监督，改进上级行政机关对下级行政机关的监督，建立健全常态化、长效化监督制度。加强对政府内部权力的制约，对财政资金分配使用、国有资产监管、政府投资、政府采购、公共资源转让、公共工程建设等权力集中的部门和岗位实行分事行权、分岗设权、分级授权，定期轮岗，强化内部流程控制，防止权力滥用。各级监察机关要切实履行监督责任，确保廉政建设各项任务落实。完善审计制度，健全有利于依法独立行使审计监督权的审计管理体制，建立具有审计职业特点的审计人员管理制度，基本形成与国家治理体系和治理能力现代化相适应的审计监督机制。对公共资金、国有资产、国有资源和领导干部履行经济责任情况实行审计全覆盖。强化上级审计机关对下级审计机关的领导。

29. 完善社会监督和舆论监督机制。建立对行政机关违法行政行为投诉举报登记制度，畅通举报箱、电子信箱、热线电话等监督渠道，方便群众投诉举报、反映问题，依法及时调查处理违法行政行为。发挥报刊、广播、电视等传统媒体监督作用，加强与互联网等新兴媒体的互动，重视运用和规范网络监督，建立健全网络舆情监测、收集、研判、处置机制，推动网络监督规范化、法治化。

30. 全面推进政务公开。坚持以公开为常态、不公开为例外原则，推进决策公开、执行公开、管理公开、服务公开、结果公开。完善政府信息公开制度，拓宽政府信息公开渠道，进一步明确政府信息公开范围和内容。重点推进财政预算、公共资源配置、重大建设项目批准和实施、社会公益事业建设等领域的政府信息公开。完善政府新闻发言人、突发事件信息发布等制度，做好对热点敏感问题的舆论引导，及时回应人民群众关切。创新政务公开方式，加强互联网政务信息数据服务平台和便民服务平台建设，提高政务公开信息化、集中化水平。

31. 完善纠错问责机制。加强行政问责规范化、制度化建设，增强行政问责的针对性和时效性。加大问责力度，坚决纠正行政不作为、乱作为，坚决克服懒政、庸政、怠政，坚决惩处失职、渎职。认真落实党风廉政建设责任制，坚持有错必纠、有责必问，对“四风”问题突出、发生顶风违纪问题或者出现区域性、系统性腐败案件的地方、部门和单位，既要追究主体责任、监督责任，又要严肃追究领导责任。

（六）依法有效化解社会矛盾纠纷

目标：公民、法人和其他组织的合法权益得到切实维护，公正、高效、便捷、成本低廉的多元化矛盾纠纷解决机制全面形成，行政机关在预防、解决行政争议和民事纠纷中的作用充分发挥，通过法定渠道解决矛盾纠纷的比率大幅提升。

措施：

32. 健全依法化解纠纷机制。构建对维护群众利益具有重大作用的制度体系，建立健全社会矛盾预警机制、利益表达机制、协商沟通机制、救济救助机制。及时收集分析热点、敏感、复杂矛盾纠纷信息，加强群体性、突发性事件预警监测。强化依法应对和处置群体性事件机制和能力。依法加强对影响或危害食品药品安全、安全生产、生态环境、网络安全、社会安全等方面重点问题的治理。加大普法力度，引导和支持公民、法人和其他组织依法表达诉求和维护权益。

33. 加强行政复议工作。完善行政复议制度，改革行政复议体制，积极探索整合地方行政复议职责。健全行政复议案件审理机制，加大公开听证审理力度，纠正违法或不当行政行为。提高行政复议办案质量，增强行政复议的专业性、透明度和公信力。县级以上地方政府要依法加强行政复议能力建设，推动相关机构设置、人员配备与所承担的工作任务相适应，充分发挥行政复议在解决行政争议中的重要作用。切实提高行政复议人员素质，落实办案场所和有关装备保障，行政复议经费列入本级政府预算。

34. 完善行政调解、行政裁决、仲裁制度。健全行政调解制度，进一步明确行政调解范围，完善行政调解机制，规范行政调解程序。健全行政裁决制度，强化行政机关解决同行政管理活动密切相关的民事纠纷功能。有关行政机关要依法开展行政调解、行政裁决工作，及时有效化解矛盾纠纷。完善仲裁制度，提高仲裁公信力，充分发挥仲裁解决经济纠纷、化解社会矛盾、促进社会和谐的作用。

35. 加强人民调解工作。贯彻落实人民调解法，健全人民调解组织网络，实现村委会、居委会人民调解组织全覆盖，推进企事业单位、乡镇街道、社会团体、行业组织中人民调解组织建设。重点协调解决消费者权益、劳动关系、医患关系、物业管理等方面的矛盾纠纷，促进当事人平等协商、公平公正解决矛盾纠纷。完善人民调解、行政调解、司法调解联动工作体系。

36. 改革信访工作制度。把信访纳入法治化轨道，保障合理合法诉求依照法律规定和程序就能得到合理合法的结果。规范信访工作程序，畅通群众诉求表达、利益协调和权益保障渠道，维护信访秩序。优化传统信访途径，实行网上受理信访制度，健全及时就地解决群众合理诉求机制。严格实行诉访分离，推进通过法定途径分类处理信访投诉请求，引导群众在法治框架内解决矛盾纠纷，完善涉法涉诉信访依法终结制度。

（七）全面提高政府工作人员法治思维和依法行政能力

目标：政府工作人员特别是领导干部牢固树立宪法法律至上、法律面前人人平等、权由法定、权依法使等基本法治理念，恪守合法行政、合理行政、程序正当、高效便民、诚实守信、权责统一等依法行政基本要求，做尊法学法守法用法的模范，法治思维和依法行政能力明显提高，在法治轨道上全面推进政府各项工作。

措施：

37. 树立重视法治素养和法治能力的用人导向。抓住领导干部这个全面依法治国的“关键少数”，把法治观念强不强、法治素养好不好作为衡量干部德才的重要标准，把能不能遵守法律、依法办事作为考察干部的重要内容，把严守党纪、恪守国法的干部用起来。在相同条件下，优先提拔使用法治素养好、依法办事能力强的干部。对特权思想严重、法治观念淡薄的干部要批评教育、督促整改，问题严重或违法违纪的，依法依纪严肃处理。

38. 加强对政府工作人员的法治教育培训。政府工作人员特别是领导干部要系统学习中国特色社会主义法治理论，学好宪法以及与自己所承担工作密切相关的法律法规。完善学法制度，国务院各部门、县级以上地方各级政府每年至少举办一期领导干部法治专题培训班，地方各级政府领导班子每年应当举办两期以上法治专题讲座。各级党校、行政学院、干部学院等要把宪法法律列为干部教育的必修课。健全行政执法人员岗位培训制度，每年组织开展行政执法人员通用法律知识、专门法律知识、新法律法规等专题培训。加大对公务员初任培训、任职培训中法律知识的培训力度。

39. 完善政府工作人员法治能力考查测试制度。加强对领导干部任职前法律知识考查和依法行政能力测试，将考查和测试结果作为领导干部任职的重要参考，促进政府及其部门负责人严格履行法治建设职责。优化公务员录用考试测查内容，增加公务员录用考试中法律知识的比重。实行公务员晋升依法行政考核制度。

40. 注重通过法治实践提高政府工作人员法治思维和依法行政能力。政府工作人员特别是领导干部想问题、作决策、办事情必须守法律、重程序、受监督，牢记职权法定，切实保护人民权益。要自觉运用法治思维和法治方式深化改革、推动发展、化解矛盾、维护稳定，依法治理经济，依法协调和处理各种利益问题，避免埋钉子、留尾巴，努力营造办事依法、遇事找法、解决问题用法、化解矛盾靠法的良好法治环境。注重发挥法律顾问和法律专家的咨询论证、审核把关作用。落实“谁执法谁普法”的普法责任制，建立行政执法人员以案释法制度，使执法人员在执法普法的同时不断提高自身法治素养和依法行政能力。

三、组织保障和落实机制

党的领导是全面推进依法治国、加快建设法治政府最根本的保证，必须坚持党总揽全局、协调各方，发挥各级党委领导核心作用，把党的领导贯彻到法治政府建设各方面。各级政府及其部门要自觉接受党的领导，切实增强建设法治政府的使命感、紧迫感和责任感，加强组织领导，强化工作责任，一级抓一级，层层抓落实。

41. 加强党对法治政府建设的领导。各级政府要在党委统一领导下，谋划和落实好法治政府建设的各项任务，主动向党委报告法治政府建设中的重大问题，及时消除制约法治政府建设的体制机制障碍。各级政府及其部门要结合本地区本部门实际，每年部署法治政府建设年度重点工作，发挥牵引和突破作用，带动法治政府建设各项工作全面深入开展。加强各级政府及其部门法制力量建设，不断提高工作人员的思想政治素质和业务工作能力。

42. 落实第一责任人责任。党政主要负责人要履行推进法治建设第一责任人职责，将建设法治政府摆在工作全局的重要位置。对不认真履行第一责任人职责，本地区本部门一年内发生多起重大违法行政案件、造成严重社会后果的，依法追究主要负责人的责任。县级以上地方各级政府每年第一季度要向同级党委、人大常委会和上一级政府报告上一年度法治政府建设情况，政府部门每年第一季度要向本级政府和上一级政府有关部门报告上一年度法治政府建设情况，报告要通过报刊、政府网站等向社会公开。

43. 强化考核评价和督促检查。各级党委要把法治建设成效作为衡量各级领导班子和领导干部工作实绩的重要内容，纳入政绩考核指标体系，充分发挥考核评价对法治政府建设的重要推动作用。各级政府及其部门的党组织要领导和监督本单位模范遵守宪法法律，坚决查处执法犯法、违法用权等行为。要加强对法治政府建设进展情况的督促检查，结合法治政府建设年度重点工作，开展定期检查和专项督查。对工作不力、问题较多的，要及时约谈、责令整改、通报批评。

44. 加强理论研究、典型示范和宣传引导。加强中国特色社会主义法治政府理论研究，坚持从中国实际出发，解决中国实际问题，为法治政府建设提供理论支撑和决策参考。积极开展建设法治政府示范创建活动，大力培育建设法治政府先进典型。通过召开现场会、经验交流会等形式及时总结、交流和推广经验，充分发挥先进典型的示范带动作用。定期通报和曝光违法行政典型案例，分析原因、吸取教训、改进工作。大力开展推进依法行政、建设法治政府宣传工作。加强正面宣传引导，以报刊、广播、电视、网络等多种媒体形式，广泛宣传法治政府建设目标、工作部署、先进经验、典型做法，正确引导舆论、凝聚社会共识，营造全社会关心、支持和参与法治政府建设的良好社会氛围。

各地区各部门要结合实际制定实施方案，明确提出时间进度安排和可检验的成果形式，党政主要负责人要亲自抓落实，各项工作任务除本纲要有明确时间要求外，原则上应当在2019年年底前完成。中央和国家机关有关部门要根据部门职责承担并履行好本纲要确定的相关任务，并做好统筹协调，及时沟通协商，形成工作合力。作为牵头单位和负责单位的中央和国家机关有关部门和省级政府要建立法治政府建设年度进展报告制度，及时向党中央、国务院报告工作进展情况。国务院法制办要牵头做好督促检查。各地区各部门在实施本纲要的过程中，要注意研究法治政府建设的新情况新问题，解放思想、大胆实践、开拓进取、久久为功，运用法治思维和法治方式引领改革发展破障闯关、推动民生改善和社会公正，以更加奋发有为的精神状态，推动法治政府建设一步一个脚印向前迈进，为全面推进依法治国、建设社会主义法治国家作出扎扎实实的贡献。

法治政府建设与责任落实督察工作规定

（2019 年 5 月 6 日）

第一章 总 则

第一条 为了加强党对法治政府建设的集中统一领导，充分发挥督察工作对法治政府建设与责任落实的督促推动作用，根据《中共中央关于全面推进依法治国若干重大问题的决定》、《法治政府建设实施纲要（2015－2020 年）》和其他有关规定，制定本规定。

第二条 法治政府建设与责任落实督察工作（以下简称督察工作）坚持以习近平新时代中国特色社会主义思想为指导，增强“四个意识”，坚定“四个自信”，做到“两个维护”，紧紧围绕建设中国特色社会主义法治体系、建设社会主义法治国家的总目标，坚持党的领导、人民当家作主、依法治国有机统一，坚持依宪施政、依法行政，坚持问题导向、真督实察、逐层传导、强化问责，努力形成从党政主要负责人到其他领导干部直至全体党政机关工作人员的闭环责任体系，保证党中央、国务院关于法治政府建设的决策部署落到实处，不断把法治政府建设向纵深推进。

第三条　本规定适用于对地方各级党委和政府、县级以上政府部门推进法治政府建设与责任落实情况的督察工作。

第四条　督察工作坚持以下原则：

（一）服务大局、突出重点。根据党和国家中心任务和重点工作部署督察工作，使法治政府建设始终在大局下推进、处处为大局服务。

（二）依法依规、实事求是。严格遵循有关规定开展督察，深入一线、聚焦问题，什么问题突出就督察什么问题，不做表面文章，对不同地区、不同层级的督察因地制宜，不搞上下一般粗。

（三）以督促干、注重实效。综合运用多种督察方式，既督任务、督进度、督成效，也察认识、察责任、察作风，把法治政府建设的任务落实、责任压实、效果抓实。

（四）控制总量、计划管理。贯彻落实党中央关于统筹规范督查检查考核工作的要求，增强督察工作的权威性、科学性、针对性、有效性，不搞层层加码、不增加基层不必要的工作负担。

第五条　中央全面依法治国委员会办公室组织开展对各省（自治区、直辖市）和国务院各部门法治政府建设与责任落实情况的督察工作。

地方各级党委法治建设议事协调机构的办事机构组织开展对本地区法治政府建设与责任落实情况的督察工作。

中央全面依法治国委员会办公室、地方各级党委法治建设议事协调机构的办事机构在本规定中统称“督察单位”。

第二章　督察对象和内容

第六条　地方各级党委履行推进本地区法治建设领导职责。地方各级政府和县级以上政府部门履行推进本地区、本部门法治政府建设主体职责。地方各级政府以及政府部门的党组织领导和监督本单位做好法治政府建设工作。

地方党政主要负责人履行推进法治建设第一责任人职责，将建设法治政府摆在工作全局的重要位置；地方各级党政领导班子其他成员在其分管工作范围内履行推进法治政府建设职责。

第七条 对地方各级党委履行推进本地区法治建设领导职责，加强法治政府建设，主要督察以下工作：

（一）认真学习贯彻习近平新时代中国特色社会主义思想，全面落实党中央、国务院关于法治政府建设的决策部署，充分发挥党委在推进本地区法治政府建设中的领导作用，及时研究解决有关重大问题，每年专题听取上一年度本地区法治政府建设情况汇报；

（二）将法治政府建设纳入本地区经济社会发展总体规划和年度工作计划，与经济社会发展同部署、同推进、同督促、同考核、同奖惩，把法治政府建设成效作为衡量下级党政领导班子及其主要负责人推进法治建设工作实绩的重要内容，纳入政绩考核指标体系；

（三）自觉运用法治思维和法治方式深化改革、推动发展、化解矛盾、维护稳定，指导本级政府推进法治政府建设工作，支持本级人大、政协、法院、检察院对政府依法行政工作加强监督；

（四）坚持重视法治素养和法治能力的用人导向，把遵守法律、依法办事情况作为考察干部的重要内容，相同条件下优先提拔使用法治素养好、依法办事能力强的干部，加强法治工作队伍建设；

（五）建立党委理论学习中心组集体学法制度，每年至少举办2次法治专题讲座，加强对党委工作人员的法治教育培训和法治能力考查测试；

（六）其他依法依规应当履行的法治政府建设有关职责。

对地方各级党委重点督察主要负责人履行推进法治建设第一责任人职责，加强法治政府建设的情况，以及党委其他负责人在其分管工作范围内履行相关职责情况。地方各级党委主要负责人应当坚持以身作则、以上率下，带头抓好推进本地区法治建设，加强法治政府建设的各项工作。

第八条　对地方各级政府履行推进本地区法治政府建设主体职责，主要督察以下工作：

（一）认真学习贯彻习近平新时代中国特色社会主义思想，全面落实党中央、国务院关于法治政府建设的决策部署，制订本地区法治政府建设实施规划、年度计划并组织实施，研究解决本地区法治政府建设有关重大问题并及时向本级党委请示汇报；

（二）全面正确履行政府职能，推进政府职能转变和简政放权、放管结合、优化服务，激发市场活力和社会创造力，推动经济社会持续健康发展；

（三）依法制定地方政府规章或者行政规范性文件，加强地方政府规章或者行政规范性文件备案审查和清理工作，全面推行行政规范性文件合法性审核机制；

（四）严格执行重大行政决策法定程序，认真落实政府法律顾问制度、公职律师制度，加强对重大行政决策的合法性审查，切实推进政务公开；

（五）深化行政执法体制改革，推进综合执法，全面推行行政执法公示制度、执法全过程记录制度、重大执法决定法制审核制度，严格执法责任，加强执法监督，支持执法机关依法公正行使职权，推进严格规范公正文明执法；

（六）自觉接受党内监督、人大监督、民主监督、司法监督、社会监督、舆论监督，推动完善政府内部层级监督和专门监督，加强行政复议和行政应诉工作，尊重并执行生效行政复议决定和法院生效裁判；

（七）建立政府常务会议定期学法制度，每年至少举办2次法治专题讲座，加强对政府工作人员的法治教育培训和法治能力考查测试；

（八）积极开展推进依法行政、建设法治政府宣传工作，大力培育法治政府建设先进典型，营造全社会关心、支持和参与法治政府建设的良好氛围；

（九）统筹推进对本地区法治政府建设情况的考核评价和督促检查，对工作不力、问题较多的部门或者下级政府，应当及时约谈、责令整改、通报批评；

（十）其他依法依规应当履行的法治政府建设有关职责。

对地方各级政府重点督察主要负责人履行推进法治政府建设第一责任人职责情况，以及政府其他负责人在其分管工作范围内履行相关职责情况。地方各级政府主要负责人应当坚持以身作则、以上率下，带头抓好推进本地区法治政府建设各项工作。

第九条 对县级以上政府部门履行推进本部门法治政府建设主体职责，主要督察以下工作：

（一）认真学习贯彻习近平新时代中国特色社会主义思想，全面落实党中央、国务院关于法治政府建设的决策部署，制订本部门法治政府建设实施规划、年度计划并组织实施，研究解决本部门法治政府建设重大问题并及时向本级党委和政府请示汇报；

（二）全面正确履行部门职能，推进政府职能转变和简政放权、放管结合、优化服务，激发市场活力和社会创造力，推动经济社会持续健康发展；

（三）依法制定部门规章或者行政规范性文件，加强部门规章或者行政规范性文件备案审查和清理工作，全面推行行政规范性文件合法性审核机制；

（四）严格执行重大行政决策法定程序，认真落实政府法律顾问制度、公职律师制度，加强对重大行政决策的合法性审查，依法依规履行信息发布和政策解读责任，切实推进政务公开；

（五）依法惩处各类违法行为，落实执法人员持证上岗和资格管理制度，全面推行行政执法公示制度、执法全过程记录制度、重大执法决定法制审核制度，完善执法程序，创新执法方式，严格执法责任，加强执法监督，推进严格规范公正文明执法；

（六）加强和改进行政复议工作，纠正违法、不当的行政行为，尊重并执行生效行政复议决定，努力将行政争议化解在基层、化解在行政机关内部；

（七）自觉接受党内监督、人大监督、民主监督、司法监督、社会监督、舆论监督，推动完善部门内部层级监督，加强对重点岗位的制约和监督；

（八）维护司法权威，支持法院依法受理和审理行政案件，落实行政机关负责人依法出庭应诉制度，严格执行法院生效裁判；

（九）建立部门领导班子定期学法制度，每年至少举办2次法治专题讲座，加强对部门工作人员的法治教育培训和法治能力考查测试；

（十）认真落实“谁执法谁普法”普法责任制，加强本部门法治政府建设宣传教育工作，积极总结宣传本部门法治政府建设成功经验和创新做法，大力培育法治政府建设先进典型；

（十一）统筹推进对本部门法治政府建设情况的考核评价和督促检查，对工作不力、问题较多的，应当及时约谈、责令整改、通报批评；

（十二）其他依法依规应当履行的法治政府建设有关职责。

对县级以上政府部门重点督察主要负责人履行推进法治政府建设第一责任人职责情况，以及部门其他负责人在其分管工作范围内履行相关职责情况。县级以上政府部门主要负责人应当坚持以身作则、以上率下，带头抓好本部门推进法治政府建设各项工作。

第十条　对国务院部门和地方各级党政机关工作人员履行推进法治政府建设职责，主要督察以下工作：

（一）认真学习贯彻习近平新时代中国特色社会主义思想，增强“四个意识”，坚定“四个自信”，做到“两个维护”，切实执行党中央、国务院关于法治政府建设的决策部署；

（二）认真学习以宪法为核心的中国特色社会主义法律体系，熟练掌握与本职工作密切相关的法律法规，积极参加法治教育培训；

（三）注重提高法治思维和依法行政能力，想问题、作决策、办事情必须守法律、重程序、受监督，不得以言代法、以权压法、逐利违法、徇私枉法；

（四）依法全面履行岗位职责，严守法定程序，无正当理由不得拖延或者拒绝履行法定职责，不得滥用职权侵犯公民、法人或者其他组织的合法权益；

（五）自觉尊法学法守法用法，大力弘扬社会主义法治精神，认真落实“谁执法谁普法”普法责任制，积极在工作中向人民群众普法，做法律法规的遵守者、执行者、宣传者；

（六）其他依法依规应当履行的法治政府建设有关职责。

第三章 督察组织实施

第十一条 督察单位应当制订督察工作年度计划并按照规定报批，建立督察任务台账，加强督察工作的统筹协调。

第十二条 督察工作主要采取书面督察、实地督察等方式进行。

督察单位组织开展书面督察，应当要求被督察单位进行全面自查，并限期书面报告情况。

督察单位组织开展实地督察，应当深入被督察单位，通过多种形式明察暗访，了解被督察单位实际情况。

第十三条 督察可以采取下列措施：

（一）听取被督察单位以及有关负责人情况汇报；

（二）查阅、复制有关制度文件、会议纪要、执法案卷等；

（三）询问、约谈有关单位和个人；

（四）实地走访、暗访；

（五）对收到的重大违法行政问题线索进行调查、核实或者转交有关部门，必要时可请有关部门予以协助；

（六）其他必要的措施。

第十四条 督察单位可以委托科研院校、专业机构、人民团体、社会组织等对被督察单位开展第三方评估，提出意见建议。

第十五条 督察单位可以就重要指示批示落实、重大行政决策事项、重点领域行政执法等某一方面情况开展专项督察。

专项督察可以根据具体情况选择相应的督察方式或者措施。

第十六条 督察单位开展实地督察，可以成立督察组。督察组进驻后，应当向被督察单位主要负责人通报开展督察工作的目的、安排和要求。

督察组可以邀请人大代表、政协委员、专家学者、新闻记者等方面的代表参加。

第十七条 督察结束后，督察组应当撰写督察报告，客观真实反映被督察单位法治政府建设的进展、成效、责任落实情况以及存在的问题和困难。对存在的问题和困难，应当分析原因、找出症结，提出有针对性的意见建议，并帮助推动解决。

第十八条 督察结束后，督察单位应当向被督察单位反馈督察结果，对存在的问题督促其限期整改。被督察单位应当按照要求整改并及时报告整改情况。

第十九条 督察单位可以通过简报、专报等形式向上级机关和本级纪检监察机关、组织人事等部门通报督察情况或者发现的问题，作为对被督察单位及其领导人员考核评价的重要参考或者监督问责的重要依据。

第二十条 督察单位应当充分运用大数据、云计算等现代信息技术手段，探索推进“互联网+督察”，提升督察工作精细化和信息化水平，提高督察工作效能。

第二十一条 督察工作人员应当严格履行职责，如实评价被督察单位，不得故意隐瞒或者夸大督察发现的问题；严格遵守中央八项规定及其实施细则精神和各项廉政规定，做到厉行节约、廉洁自律、公开透明，严防形式主义、官僚主义，自觉接受监督。

第二十二条 对在法治政府建设中工作成绩突出的地区、部门以及作出重要贡献的个人，可以按照国家有关规定给予表彰或者奖励。

第四章 年度报告

第二十三条 每年4月1日之前，各省（自治区、直辖市）党委和政府、国务院各部门应当向党中央、国务院报告上一年度法治政府建设情况，同时抄送中央全面依法治国委员会办公室。

每年3月1日之前，县级以上地方各级政府部门应当向本级党委和政府、上一级政府有关部门报告上一年度法治政府建设情况，同时抄送本级督察单位；县级以上地方各级政府应当向同级党委、人大常委会报告上一年度法治政府建设情况；省级以下地方各级党委和政府应当向上一级党委和政府报告上一年度法治政府建设情况，同时抄送上一级督察单位。

第二十四条 每年4月1日之前，地方各级政府和县级以上政府部门的法治政府建设年度报告，除涉及党和国家秘密的，应当通过报刊、网站等新闻媒体向社会公开，接受人民群众监督。

第二十五条 法治政府建设年度报告主要包括以下内容：

（一）上一年度推进法治政府建设的主要举措和成效；

（二）上一年度推进法治政府建设存在的不足和原因；

（三）上一年度党政主要负责人履行推进法治建设第一责任人职责，加强法治政府建设的有关情况；

（四）下一年度推进法治政府建设的主要安排；

（五）其他需要报告的情况。

第二十六条　督察单位应当督促下一级地方党委和政府、本级政府部门按时报送和公开年度报告，对未按照要求报送、公开的，应当通报批评。

第二十七条　督察单位可以邀请人大代表、政协委员、专家学者、新闻记者、政府法律顾问或者委托第三方机构对已公开的法治政府建设年度报告提出意见或者进行评议，有关意见、评议结果应当向被督察单位反馈，并可以向社会公开。

第五章　责任追究

第二十八条　法治政府建设责任追究应当根据《中国共产党问责条例》、《中华人民共和国监察法》、《行政机关公务员处分条例》以及相关党内法规、国家法律法规规定的权限和程序执行。

第二十九条 督察工作中发现被督察单位及其工作人员有下列情形之一的，督察单位应当移送有关单位依纪依法进行责任追究：

（一）对党中央、国务院的法治政府建设决策部署懈怠拖延、落实不力，影响中央政令畅通，造成严重后果的；

（二）制定的规章、行政规范性文件违反宪法、法律、行政法规，破坏国家法制统一的；

（三）违纪违法决策或者依法应当作出决策而久拖不决，造成重大损失或者恶劣影响的；

（四）执法不作为或者乱执法、执法牟利、粗暴执法等，侵犯公民、法人或者其他组织合法权益造成损害的；

（五）违纪违法干预监察工作、行政执法、行政复议或者司法活动，或者拒不执行生效行政复议决定、法院生效裁判的；

（六）在行政复议工作中失职渎职、徇私舞弊、违法违规的；

（七）其他不履行或者不正确履行法治政府建设职责，依法依规需要追责的情形。

第三十条 督察单位可以建立重大责任事项约谈制度、挂牌督办制度，对存在第二十九条规定情形的地方或者部门，督促其限期完成有关查处、整改任务。

第三十一条 督察单位可以建立典型案例通报、曝光制度，除涉及党和国家秘密的，在一定范围内进行通报或者向社会曝光。

第三十二条 被督察单位及其工作人员违反本规定，有下列行为之一的，依纪依法予以责任追究；涉嫌犯罪的，移送有关机关依法处理：

（一）以各种借口拒绝、阻碍或者干扰督察工作的；

（二）拖延或者拒绝提供与督察工作有关的资料，或者伪造相关情况、提供虚假资料的；

（三）未按照要求进行整改或者拖延、拒不整改的；

（四）打击、报复、陷害、刁难督察工作人员或者反映情况的单位和个人的；

（五）其他妨碍督察工作的行为。

第三十三条 督察工作人员违反廉洁自律规定，或者滥用职权、徇私舞弊、玩忽职守的，依纪依法给予处分；涉嫌犯罪的，移送有关机关依法处理。

第六章 附 则

第三十四条 本规定由中央全面依法治国委员会办公室负责解释。

第三十五条 本规定自2019年4月15日起施行。

关于开展法治政府建设示范创建活动的意见

（2019 年 5 月）

党中央、国务院高度重视法治政府建设。党的十八大确立了到 2020 年法治政府基本建成的奋斗目标，党的十八届四中全会对建设法治政府作出全面部署。党的十九大和十九届二中、三中全会进一步对建设法治政府作出部署安排。在中央全面依法治国委员会第一次会议上，习近平总书记强调指出："建设法治政府是全面推进依法治国的重点任务和主体工程"。开展法治政府建设示范创建活动，是深入贯彻落实党中央、国务院关于法治政府建设决策部署，不断把法治政府建设向纵深推进的重要抓手，对各地区各部门找差距、补短板、激发内生动力具有重要的引领、带动作用。2015 年 12 月，中共中央、国务院发布的《法治政府建设实施纲要（2015—2020 年）》明确提出："积极开展建设法治政府示范创建活动，大力培育建设法治政府先进典型。"为开展好法治政府建设示范创建活动，现提出以下意见。

一、总体要求

（一）指导思想。坚持以习近平新时代中国特色社会主义思想为指导，全面贯彻党的十九大和十九届二中、三中全会精神，深入贯彻习近平总书记全面依法治国新理念新思想新战略，增强“四个意识”，坚定“四个自信”，坚决做到“两个维护”，紧紧围绕全面依法治国总目标，以创建促提升，以示范带发展，以点带面、辐射全国，为基本建成法治政府提供典型引领，为建设社会主义法治国家作出积极探索。

（二）基本原则

坚持党的领导。党政主要负责人按照有关规定履行推进法治建设第一责任人职责。地方各级党委要加强对法治政府建设的领导；地方各级政府要切实承担推进法治政府建设的主体责任，对开展法治政府建设示范创建工作中的重大问题，要及时向本级党委请示报告。

坚持以人民为中心。努力把体现人民利益、反映人民愿望、维护人民权益、增进人民福祉落实到示范创建活动中，切实增强人民群众的获得感、幸福感、安全感。

坚持改革引领。鼓励大胆探索、先行先试，深化法治政府建设重点领域和关键环节改革，形成一批可复制、可推广的做法和经验，着力实现示范创建与深化改革的有效衔接。

坚持实事求是。注重工作实绩，聚焦实际问题，不急功近利、拔苗助长，不增加基层不必要的工作负担，杜绝“形象工程”“政绩工程”，客观公正，公开透明，防止弄虚作假和形式主义。

坚持严格规范。突出质量，严控数量，努力做到高标准、严要求，建立健全准入与退出机制，既要严把“入口关”，也要避免“终身制”，确保示范创建活动的权威性、针对性、实效性。

（三）创建目标。从2019年启动第一批法治政府建设示范地区评估认定开始，每两年开展一次，梯次推进，树立一批批新时代法治政府建设的新标杆，形成样板效应，营造法治政府建设创优争先的浓厚氛围，开创法治政府建设新局面；创造最能聚人聚财、最有利于发展的法治化营商环境，激发市场主体活力，增进人民群众便利，为统筹推进“五位一体”总体布局、协调推进“四个全面”战略布局提供坚实法治保障；深化依法治国实践，加快建设社会主义法治国家，推动到2035年实现法治国家、法治政府、法治社会基本建成的奋斗目标。

二、范围对象

全国范围的法治政府建设示范创建活动由中央全面依法治国委员会办公室（以下简称中央依法治国办）组织开展，前期主要面向市（地、州、盟）政府、县（市、区、旗）政府（以下简称市县政府），适时扩展到国务院各部门和各省级政府。各地区根据实际情况，可以开展综合示范创建或者单项示范创建活动。

（一）综合示范创建。综合示范创建要求在推进法治政府建设上具有全面性、系统性、整体性，符合市县法治政府建设示范指标体系（以下简称指标体系）90%以上指标。综合示范创建命名为“全国法治政府建设示范市（地、州、盟）”或者“全国法治政府建设示范县（市、区、旗）”。

（二）单项示范创建。单项示范创建要求在推进法治政府建设某一方面工作上具有创新性、引领性、典型性，在全国范围内居于领先地位，可复制、可推广。单项示范创建的项目，由各市县政府结合本地区实际，在优化法治化营商环境、加强事中事后监管、完善依法行政制度、全面推行行政执法“三项制度”、健全行政复议体制机制以及其他法治政府建设工作中自主确定、从严把握。

单项示范创建命名为“全国示范市（地、州、盟）”或者“全国示范县（市、区、旗）”。各市县政府要以单项工作的示范创建为突破口，引领、带动本地区法治政府建设全面发展。

三、认定程序

（一）*自愿申报*。各市县政府按照指标体系进行自查自评，认为达到示范要求的，可以向本地区党委全面依法治省（区、市）委员会办公室（以下简称依法治省办）进行申报。申报时应当提供充分体现本地区法治政府建设工作举措、成效和亮点等内容的自评报告。

（二）*初审推荐*。各地区依法治省办按照指标体系，组织对本地区申报的市县政府进行初审，择优提出推荐名单，并附推荐意见，报送中央依法治国办。

（三）*第三方评估*。中央依法治国办委托科研院校、专业机构、社会组织等第三方机构，或者组织专家成立第三方评估组，按照指标体系对申报地区进行评估并提出意见。

（四）*人民群众满意度测评*。在开展第三方评估的同时，中央依法治国办委托统计调查专业机构，对申报地区法治政府建设情况进行人民群众满意度测评。

（五）实地核查。中央依法治国办根据第三方评估和人民群众满意度测评结果，组织力量对排在前列的申报地区进行实地核查。实地核查可以邀请国务院或者省级政府的有关部门、人大代表、政协委员、专家学者、新闻记者、律师等方面的代表参加。

（六）媒体公示。中央依法治国办根据实地核查结果，提出示范地区候选名单，在中央新闻媒体进行公示。

（七）批准命名。中央依法治国办综合公示情况，对符合要求的示范地区予以命名。

四、监督管理

中央依法治国办和各省（区、市）党委、政府对示范地区要加强监督管理，完善工作机制，推动示范地区法治政府建设始终走在全国前列。

（一）年度报告制度。示范地区应当于每年 1 月底前将上一年度推进法治政府建设情况，经依法治省办报中央依法治国办，并向社会公布，接受社会监督。

（二）回访抽查制度。中央依法治国办每年按照一定比例，组织或者委托有关依法治省办对示范地区进行抽查，了解法治政府建设进展，核查有关材料、信息和数据，密切跟踪评估，确保示范地区始终符合指标体系各项要求。

（三）摘牌退出制度。示范地区有下列情形之一的，中央依法治国办应当撤销其示范命名：1. 发生严重违法行政行为，或者因行政不作为、乱作为造成恶劣社会影响的；2. 通过提供虚假材料、隐瞒事实真相或者其他不正当手段获取示范命名的；3. 在回访抽查中证实已经达不到示范指标体系中的条件和要求的；4. 其他应当撤销示范命名的情形。

五、组织保障

（一）提高思想认识。各地区要高度重视法治政府建设，深刻认识示范创建活动对加快法治政府建设的重要意义，以开展示范创建活动为契机，深入总结本地区法治政府建设的成绩和问题，摸清制约法治政府建设进程的“难点”、“痛点”和“堵点”，既要尽快补齐短板、改善薄弱环节，也要精准发力、重点突破，努力成为全国法治政府建设的示范样板。

（二）加强组织领导。各地区要认真抓好示范创建活动的动员部署、督促落实、监督检查，制定创建方案，明确目标方向，切实避免示范创建活动的盲目性、随意性。党政主要负责人要切实履行推进法治建设第一责任人职责，将法治政府建设示范创建活动纳入重要议事日程。中央依法治国办加强对示范创建活动的统筹指导，推动示范创建活动达到预期效果。

（三）促进经验交流。中央依法治国办通过开展业务培训、组织现场考察、建立信息平台等多种形式，建立示范创建交流合作机制，及时总结、推广示范地区的好做法、好经验。各地区要充分发挥先进典型的示范引领作用，促进相互学习、取长补短，形成“先进带后进”的创建机制，促进法治政府建设区域协同推进。

（四）强化支持保障。各地区要加大对示范地区的支持力度，在经济社会发展政策上给予倾斜，在有关督察考核中简化任务要求，在相同条件下优先提拔使用法治素养好、依法办事能力强的干部，并可以视情对示范地区以及作出突出贡献的人员进行表彰。中央依法治国办在开展重要改革试点、干部培训交流、先进单位或者人员表彰等方面工作时，优先考虑示范地区，加强支持和保障。

（五）注重新闻宣传。各地区要充分利用报刊、网站、微博、微信等新闻媒体，广泛宣传法治政府建设示范创建的动态、成效和经验。中央依法治国办积极搭建宣传平台，与主流媒体深化合作，深入报道各地区示范创建的新思路、新举措、新经验，努力营造良好的社会舆论氛围。

六、其他规定

各省（区、市）党委和政府、国务院各部门可以参照本意见制定示范创建实施办法，在本地区、本部门开展法治政府建设示范创建活动。中央依法治国办将抓紧制定开展法治政府建设示范创建活动的实施方案，做好组织实施工作。

附件：市县法治政府建设示范指标体系

市县法治政府建设示范指标体系

根据《中共中央关于全面推进依法治国若干重大问题的决定》《法治政府建设实施纲要（2015—2020 年)》以及党中央、国务院关于法治政府建设的一系列重要文件，总结各省（区、市）实施法治政府建设考核评价指标体系的成功经验，坚持问题导向、目标导向，突出针对性、引领性、可操作性，制定《市县法治政府建设示范指标体系》（以下简称指标体系)，作为开展示范创建活动的评估标准，作为建设法治政府的具体指引，使法治政府建设可量化、可证明、可比较。指标体系各项指标的分值、权重和评测方式由中央依法治国办组织专家研究确定。根据党中央、国务院关于法治政府建设的最新决策部署和实践发展，按照示范创建活动周期，每两年对指标体系进行一次更新、调整和优化。

一级指标	二级指标		三级指标
一、政府职能依法全面履行	1. 行政审批制度改革全面推行。	1	向社会公布本级政府全部行政审批事项清单，实行目录化、编码化、动态化管理。行政审批事项在法定期限内完成并不断压缩办理时限。
		2	非行政许可审批事项全部取消。不符合行政许可法规定的许可全部取消。不存在违法设立备案、登记、行政确认等任何形式的变相审批或者许可事项。做好上级政府取消、下放行政审批事项的落实和承接工作。
		3	全面清理行政审批中介服务，无法定依据的行政审批中介服务项目以及收费一律取消。对保留的行政审批中介服务事项实行清单管理，明确办理时限、工作流程、申报条件、收费标准并向社会公开。行政审批中介服务机构的人、财、物与政府脱钩。
		4	对各类证明事项，凡没有法律法规依据的一律取消。对保留的证明事项实行清单管理，做到“清单之外无证明”。

续表

一级指标	二级指标		三级指标
		5	全面推行“证照分离”“多证合一”。进一步压缩企业开办时间，承诺办理时限不超过5个工作日，工商、税务、社保等流程逐步实现“一窗受理，并行办理”。
		6	政务服务重点领域和高频事项基本实现“一网、一门、一次”。市县级政务服务事项网上可办率不低于80%；除对场地有特殊要求的事项外，政务服务事项进驻政务服务机构基本实现“应进必进”，且80%以上实现“一窗”分类受理；市县100个高频事项实现“最多跑一次”。
	2. 落实权责清单、负面清单制度并实行动态管理。	7	编制并对外公布全部政府工作部门的权责清单、公共服务事项清单，逐一明确法律依据、实施主体、监督方式、责任方式等相关事项，并根据法律法规的变化实行动态调整。
		8	全面落实并严格执行负面清单制度。清单之外的行业、领域和业务等，各类市场主体皆可依法平等进入。
		9	全面实施行政事业性收费和政府性基金清单制度，清单之外的一律取消。全面清理整顿部门下属事业单位、行业协会商会收费，乱收费举报投诉查处机制建立健全。
	3. 优化政府组织结构。	10	市县政府各部门及其内设机构、下属机构的设立、撤销或者调整，均遵守法定权限和程序，并进行合法性审核，不在限额外设置机构。人员编制的核定、调整依法依规进行，不擅自增加编制种类，不突破总量增加编制。
		11	推进市、县两级政府事权规范化建设。一类事项原则上由一个部门统筹，一件事情原则上由一个部门负责。

续表

一级指标	二级指标		三级指标
	4. 加强事中事后监管。	12	全面推行“双随机、一公开”监管。推进跨部门联合监管和“互联网+监管”，努力实现职能部门综合监管、“智慧监管”。
		13	加强信用监管，推进涉企信息归集共享，严格依法科学界定守信和失信行为，实行守信联合激励和失信联合惩戒机制，做到市场主体“一处违法、处处受限”。
	5. 优化法治化营商环境。	14	全面清理废除地方保护、指定交易、市场壁垒等妨碍统一市场公平竞争的各种规定和做法，特别是对非公有制经济各种形式的不合理规定。制定涉及市场主体经济活动的地方政府规章、行政规范性文件和其他政策措施时，进行公平竞争审查，防止排除、限制市场竞争的举措，不存在未经公平竞争审查的文件。
		15	加强对各种所有制经济的平等保护，清理有违公平的地方政府规章或者行政规范性文件。健全对涉嫌违法的企业和人员财产处置规则，依法慎重决定是否采取相关强制措施。确需采取查封、扣押、冻结等措施的，严格按照法定程序进行。大力宣传党和国家平等保护各种所有制经济产权的方针政策和法律法规，使平等、全面、依法保护观念深入人心。
		16	全面推进政务诚信建设，严格兑现向行政相对人依法作出的政策承诺。认真履行在招商引资、政府与社会资本合作等活动中与投资主体签订的各类合同，不存在以政府换届、领导人员更替等理由违约毁约的情形。

续表

一级指标	二级指标		三级指标
		17	对因政府规划调整、政策变化造成企业合法权益受损的，依法依规进行补偿。对因国家利益、公共利益或者其他法定事由需要改变政府承诺和合同约定的，严格依照法定权限和程序进行，并对企业和投资人因此而受到的财产损失依法予以补偿。
		18	不存在干预企业依法自主经营活动的行为。建立健全涉企收费、监督检查清单制度，全面清理涉企收费、摊派事项和各类评比达标活动。依法保障企业自主加入和退出行业协会商会的权利。
	6. 创新社会治理，优化公共服务。	19	应当由社会组织提供的公共服务和解决的事项，全部交由社会组织承担。全面实现行业协会商会与行政机关在机构、职能、资产财务、人员管理等事项上脱钩。
		20	建立健全政府购买公共服务制度，公开政府购买公共服务目录。凡属事务性管理服务，原则上都要引入竞争机制向社会购买；确需政府参与的，实行政府和社会资本合作模式。
		21	形成覆盖城乡居民的公共法律服务体系，实现县（市、区）公共法律服务中心、乡镇（街道）公共法律服务工作站、村（居）法律顾问全覆盖。
	7. 强化节能和生态环境保护。	22	全面落实地方节能和生态环境保护要求，严格实行能源消耗总量和强度“双控”制度、环境信息公开制度、环境影响评价制度、污染物排放总量控制制度、排污许可制度、生态保护红线制度和生态环境损害赔偿制度等生态环境保护法律制度，没有发生《党政领导干部生态环境损害责任追究办法（试行）》规定的追责情形，没有发生严重破坏生态环境的行为。全面开展领导干部自然资源资产离任审计。

续表

一级指标	二级指标		三级指标
二、依法行政制度体系完善	1. 完善地方政府规章制定机制。(适用于有立法权的市)	23	坚持党对行政立法工作的领导，立法工作中遇有重大问题及时向本级党委请示报告。每年第一季度，有立法权的市政府向本级党委报告上年度立法工作情况，报请审定本年度立法工作计划。
		24	健全地方政府规章立项、起草、论证、协调、审议机制。加大重要立法事项的协调决策力度，防止部门利益和地方保护主义法律化。对部门争议较大的地方政府规章，引入第三方评估。建立重要行政管理规章由司法行政部门起草制度。
		25	加大城乡建设与管理、生态环境保护、历史文化保护领域地方政府规章制定力度，严控相关领域行政规范性文件的数量。
	2. 提高制度建设公众参与度。	26	除依法需要保密的外，地方政府规章草案及其说明一律向社会公开征求意见，期限一般不少于30日。涉及企业和特定群体、行业利益的，充分听取企业、人民团体、行业协会商会的意见。
		27	对公民、法人和其他组织权利义务有重大影响、涉及人民群众切身利益的行政规范性文件，在向社会公开征求意见时，期限一般不少于7个工作日。涉及企业和特定群体、行业利益的，充分听取企业、人民团体、行业协会商会的意见。
		28	人大代表、政协委员关于行政立法的建议、提案，回复率达到100%，无遗漏、不迟延。

续表

一级指标	二级指标		三级指标
	3. 加强行政规范性文件制定和监督管理。	29	重要的行政规范性文件依法依规执行评估论证、公开征求意见、合法性审核、集体审议决定、向社会公开发布等程序。专业性、技术性较强的行政规范性文件，组织相关领域专家进行论证。评估论证结论在文件起草说明中写明，作为制发文件的重要依据。
		30	行政规范性文件没有增加法律、法规规定之外的行政权力事项或者减少法定职责；没有设定行政许可、行政处罚、行政强制等事项，增加办理行政许可事项的条件，规定出具循环证明、重复证明、无谓证明的内容；没有违法减损公民、法人和其他组织的合法权益或者增加其义务，侵犯公民各项基本权利；没有超越职权规定应由市场调节、企业和社会自律、公民自我管理的事项；没有违法制定含有排除或者限制公平竞争内容的措施，违法干预或者影响市场主体正常生产经营活动，违法设置市场准入和退出条件等。
		31	行政规范性文件的合法性审核率达100%。制定机关负责合法性审核的部门对文件的制定主体、程序和有关内容等是否符合法律法规规章和国家政策的规定，及时进行合法性审核。合法性审核的时间一般不少于5个工作日，最长不超过15个工作日；未经合法性审核或者经审核不合法的，不提交集体审议。
		32	没有发生因行政规范性文件未按程序制定被通报的情况，或者因行政规范性文件内容违法或者超越法定职权，被本级人大常委会或者上级行政机关责令改正或者撤销的情况，被行政复议机关、人民法院认定为不合法的情况。

续表

一级指标	二级指标		三级指标
	4. 备案审查和清理机制健全。	33	建立、实施地方政府规章、行政规范性文件后评估制度，每2年至少开展1次地方政府规章或者行政规范性文件后评估，评估结果向社会公布并作为修改、废止的重要参考，对不适应全面深化改革和经济社会发展要求的地方政府规章或者行政规范性文件及时修改和废止。
		34	地方政府规章和行政规范性文件按照规定的程序和时限报送备案，且报备率、报备及时率、规范率均达100%。公民、法人和其他组织对地方政府规章、行政规范性文件的建议审查制度健全。
		35	实行地方政府规章和行政规范性文件目录和文本动态化、信息化管理。及时根据全面深化改革和经济社会发展需要以及上位法和上级文件的动态变化，对辖区内地方政府规章或者行政规范性文件进行清理，清理结果向社会公布。
三、重大行政决策科学民主合法	1. 依法决策机制健全。	36	制定重大行政决策事项目录、标准，向社会公开，并根据实际情况调整；明确重大行政决策的决策主体、事项范围、法定程序、法律责任等，规范重大行政决策流程。
		37	重大行政决策依法自觉接受本级人大及其常委会的监督，根据法律法规规定属于本级人大及其常委会讨论决定的重大事项范围或者应当在出台前向本级人大及其常委会报告的，严格按照有关规定办理。
	2. 公众参与。	38	实行重大行政决策公开制度，除依法应当保密的外，决策事项、依据和结果全部公开，并为公众查阅提供服务。对社会关注度高的决策事项，认真进行解释说明。

续表

一级指标	二级指标		三级指标
		39	除依法不予公开的外，重大行政决策事项充分听取社会公众意见，并向社会及时反馈意见采纳情况和理由。如向社会公开征求意见的，征求意见期限一般不少于30日。
		40	重大行政决策事项涉及企业和特定群体、行业利益的，充分听取企业、行业协会商会、人民团体、社会组织、群众代表等的意见。全面推行文化教育、医疗卫生、食品安全、资源开发、生态环境保护、公用事业等重大民生决策事项民意调查制度。
	3. 专家论证、风险评估。	41	专家参与论证重大行政决策的程序规则明确。专业性、技术性较强的决策事项，组织专家、专业机构论证其必要性、可行性、科学性等。
		42	对涉及经济社会发展和人民群众切身利益的重大政策、重大项目等决策事项，进行社会稳定、公共安全、环境和经济等方面的风险评估，形成风险评估报告。
	4. 合法性审查。	43	重大行政决策全部经合法性审查，不存在未经合法性审查或者经合法性审查不合法仍提交决策机关讨论的情形；没有以征求意见等方式代替合法性审查的情况。重大行政决策的合法性审查时间不少于5个工作日。
		44	市县政府普遍设立法律顾问、公职律师。法律顾问、公职律师在重大行政决策制定中发挥有效作用，法律顾问、公职律师的遴选、聘任、培训、考核等管理制度健全，不存在法律顾问“聘而不用”的情形。

续表

一级指标	二级指标		三级指标
	5. 集体讨论决定。	45	重大行政决策经政府常务会议或者全体会议讨论，集体讨论率达到100%。集体讨论决定情况全部如实记录，不同意见如实载明。
		46	行政首长在重大行政决策集体讨论会议上最后发言，并在集体讨论基础上作出决定。行政首长拟作出的决定与会议组成人员多数人的意见不一致的，在会上说明理由。
	6. 强化决策规范化建设。	47	建立重大行政决策全过程记录、材料归档和档案管理制度，实现重大行政决策年度目录事项全部立卷归档。
		48	建立决策机关跟踪重大行政决策执行情况和实施效果制度，对重大行政决策实施后明显未达到预期效果，公民、法人或者其他组织提出较多意见的重大行政决策进行决策后评估。
		49	制定重大行政决策终身责任追究制度和责任倒查的具体实施办法。重大行政决策情况作为年度考核评价决策机关及其领导人员的重要内容。
四、行政执法严格规范公正文明	1. 行政执法体制权责统一、权威高效。	50	根据本级政府事权和职能，推进综合执法，市场监管、生态环境保护、文化市场、交通运输、农业、城市管理综合执法队伍整合组建完成。
		51	创新行政执法方式，推广运用说服教育、劝导示范、行政指导、行政奖励等非强制性执法手段。采用非强制性手段可以达到行政管理目的的，不实施行政强制。
		52	行政执法权限协调机制已经建立完善并有明确的协调机关负责，除需请示上级机关的外，执法机关之间对具体案件权限争议进行协调、明确责任主体的时间在7个工作日以内。

续表

一级指标	二级指标		三级指标
		53	行政执法和刑事司法衔接机制建立健全，行政执法机关、检察机关、审判机关信息共享、案情通报、案件移送制度建立并全面执行，不存在有案不移、有案难移、以罚代刑现象。
	2. 全面推行行政执法公示制度。	54	行政执法主体、权限、依据、程序、救济渠道和随机抽查事项清单等信息全面准确及时主动公开；公开信息简明扼要、通俗易懂，并进行动态调整。
		55	除法律、法规、规章另有规定的外，行政执法人员严格执行 2 人以上执法规定。严格执行“亮证执法”制度，出示或者佩戴执法证件，公示执法身份。出具执法文书，主动告知当事人执法事由、执法依据、权利义务等内容。
		56	行政执法统计年报制度建立完善，行政执法机关于每年 1 月 31 日前公开本机关上年度行政执法总体情况，报本级人民政府和上级主管部门。
		57	行政执法机关在执法决定作出之日起 20 个工作日内向社会公布执法机关、执法对象、执法类别、执法结论等信息，接受社会监督，行政许可、行政处罚的执法决定信息在执法决定作出之日起 7 个工作日之内公开，但法律、行政法规另有规定的除外。
	3. 全面推行执法全过程记录制度。	58	行政执法机关通过文字、音像等记录形式，对行政执法启动、调查取证、审核决定、送达执行等实现全过程记录，并实现全面系统归档保存，做到执法全过程留痕和可回溯管理。

续表

一级指标	二级指标		三级指标
		59	根据行政执法文书格式文本，结合本地实际完善有关文书格式，做到行政执法活动文字记录合法规范、客观全面、及时准确，执法案卷和执法文书要素齐备、填写规范、归档完整。
		60	根据实际情况为行政执法人员配备执法记录仪。对查封扣押财产、强制拆除等直接涉及人身自由、生命健康、重大财产权益的现场执法活动和执法办案场所，推行全程音像记录。执法音像记录管理制度已经建立并完善。
		61	对于执法全过程记录资料严格依法依规归档保存，对同一执法对象的文字、音像记录进行集中储存，推行“一户式”集中储存；行政执法全过程数据化记录工作机制和数字化归档管理制度已经建立并完善。行政执法综合管理监督系统建立并有效运行。
	4. 全面推行重大执法决定法制审核制度。	62	行政执法机关作出重大执法决定前均严格进行法制审核，重大执法决定法制审核制度执行比率达100%。
		63	行政执法机关均明确具体负责本单位重大执法决定法制审核的工作机构，原则上负责法制审核的人员不少于本单位执法人员总数的5%。
		64	行政执法机关根据国家规定和上级机关的统一要求，结合本机关行政执法情况制定重大执法决定法制审核目录清单，清单内容包括但不限于涉及重大公共利益、可能造成重大社会影响或者引发社会风险、直接关系行政相对人或者第三人重大权益、经过听证程序作出行政执法决定以及案件情况疑难复杂涉及多个法律关系的行政执法活动。

续表

一级指标	二级指标		三级指标
	5. 全面落实行政执法责任制。	65	建立行政执法日常检查监督机制，每年至少组织1次行政执法案卷评查、抽查或者其他形式的检查工作。
		66	行政执法投诉举报、情况通报等制度已经建立。群众举报的违法行为得到及时查处。创建周期内没有发生因违法执法或者执法不当造成恶劣社会影响的情形。
		67	全面实行行政执法机关内部人员干预、插手案件办理的记录、通报和责任追究制度；健全执法过错纠正和责任追究程序，实行错案责任倒查问责制。
	6. 健全行政执法人员管理制度，加强行政执法保障。	68	全面实行行政执法人员持证上岗和资格管理制度，行政执法人员均通过执法资格考试。每年开展行政执法人员公共法律知识、专门法律知识、新法律法规等专题培训不少于40学时。行政执法着装管理规范。
		69	执法辅助人员管理得到规范，执法辅助人员适用岗位、身份性质、职责权限、权利义务、聘用条件和程序均已明确。执法辅助人员招聘计划和名额，报同级政府或者有关部门批准，并由相关部门统一组织实施。
		70	辖区内党政机关和领导干部支持行政执法机关依法公正行使职权，未出现下达或者变相下达与法律规定冲突的任务指标或者完成时限等情形。
		71	行政执法经费统一纳入财政预算予以保障，行政执法经费与罚没收入完全脱钩，罚缴分离和收支两条线管理制度得到有效贯彻。

续表

一级指标	二级指标		三级指标
五、行政权力制约监督科学有效	1. 自觉接受党内监督、人大监督、监察监督、民主监督、司法监督。	72	认真研究办理人大及其常委会组成人员对政府工作提出的有关审议意见、人大代表和政协委员提出的意见和建议，办理后满意度达95%以上。
		73	支持人民法院依法受理和审理行政案件，行政机关负责人按规定出庭应诉；对于涉及重大公共利益的案件、社会高度关注的案件、可能引发群体性事件的案件、检察机关提起的行政公益诉讼案件等，被诉行政机关负责人出庭率达100%。行政诉讼败诉率不高于上一年度全国行政诉讼败诉率平均值。
		74	尊重并执行人民法院生效裁判，不存在未履行法院生效裁判的情况。重视人民法院提出的司法建议，及时向人民法院反馈司法建议采纳情况，办复率达100%。
		75	自觉接受、配合监察机关开展的监督工作。及时向检察机关反馈检察建议采纳情况，办复率达100%。
	2. 加强行政监督和审计监督。	76	政府内部层级监督常态化、长效化机制建立，对监督主体、监督内容、监督方式、违法或者不当行政行为的处理、责任追究等作出规定。
		77	政府内部权力制约体系形成，对财政资金分配使用、国有资产监管、政府投资、政府采购、公共资源转让、公共工程建设等权力集中的部门和岗位实行分事行权、分岗设权、分级授权，定期轮岗。
		78	依法独立行使审计监督权的审计管理体制建立健全，实现审计全覆盖。

续表

一级指标	二级指标		三级指标
	3. 完善社会监督和舆论监督机制。	79	行政机关违法行政行为投诉举报登记制度建立，举报箱、电子信箱、热线电话等监督渠道通畅，统一政务咨询投诉举报平台建立健全，除 110、120、119 等紧急类热线以外，将各部门非紧急类政务热线整合，纳入统一政务咨询投诉举报平台管理。
		80	对新闻媒体曝光的违法行政问题及时进行调查核实，解释说明，依法作出处理并进行反馈。
	4. 全面推进政务公开。	81	实行政务公开清单管理制度，并动态更新。对符合法定条件要求的依申请公开政府信息的答复率达 100%。
		82	政府新闻发言人、突发事件信息发布等制度完善。对涉及特别重大、重大突发事件的政务舆情，最迟在事件发生后 5 小时内发布权威信息，在 24 小时内举行新闻发布会，并根据工作进展情况，持续发布权威信息，有关地方和部门主要负责人要带头主动发声。
		83	因不履行或者不正确履行政府信息公开法定职责，在行政复议或者行政诉讼中被撤销、确认违法或者责令履行等的发生率在 5% 以下。
六、社会矛盾纠纷依法有效化解	1. 健全依法化解纠纷机制。	84	调解、仲裁、行政裁决、行政复议、诉讼等矛盾纠纷多元化解机制有机衔接，绝大多数矛盾纠纷能够通过法定渠道得到解决。人民群众对化解社会矛盾纠纷工作的满意度达到 80% 以上。

续表

一级指标	二级指标		三级指标
		85	推进企事业单位、乡镇街道、社会组织中人民调解组织建设。村委会、居委会人民调解组织全覆盖。行业性、专业性人民调解委员会有3名以上专职人民调解员，乡镇（街道）人民调解委员会有2名以上专职人民调解员，有条件的村（居）和企事业单位人民调解委员会有1名以上专职人民调解员，派驻有关单位和部门的人民调解工作室有2名以上专职人民调解员。人民调解工作经费财政保障落实到位。
		86	建立政府负总责、司法行政部门牵头、各职能部门为主体的行政调解工作机制。行政调解工作程序规范。公安、民政、自然资源、生态环境、交通运输、卫生健康、市场监管等行政调解任务较重的部门，普遍成立行政调解委员会。行政机关受理矛盾纠纷实行首问责任制。
	2. 加强行政复议工作。	87	行政复议体制机制健全，积极推进行政复议职责有效整合。行政复议案件办理符合法定程序和时限，通过加强听证、专家论证等形式确保办案质量较高。
		88	行政复议规范化、信息化、专业化程度较高。通过行政复议工作平台实现案件网上办理。行政复议、应诉机构设置、人员配备与工作任务相适应，审查行政复议案件由2名以上行政复议人员参加。行政复议立案登记以及办案场所、工作经费、办案设备等保障到位。
		89	在行政处罚、行政许可等对相对人可能产生不利影响的行政执法文书中，依法实施行政复议权利告知制度。在网站和行政复议接待场所公开受理复议案件的范围、条件、程序等事项，提供行政复议申请书格式样本。全面落实行政复议决定书网上公开制度。

续表

一级指标	二级指标		三级指标
	3. 加强法治宣传教育。	90	广泛开展形式多样、生动活泼的法治宣传教育活动。开展“12.4”国家宪法周（日）集中宣传教育活动。严格落实国家工作人员宪法宣誓制度。全面加强青少年法治宣传教育。
		91	严格落实“谁执法谁普法”普法责任制，普遍实施以案释法制度，在执法实践中深入开展以案释法和警示教育。
		92	健全完善普法宣传教育机制。加强法治文化阵地和设施建设，每个县级地区至少建成一个法治学习宣传教育基地或者法治文化主题的城市公园（广场、长廊）。经常开展群众性法治文化活动。
七、政府工作人员法治思维和依法行政能力全面提高	1. 树立重视法治素养和法治能力用人导向。	93	法治观念强不强、法治素养好不好成为衡量干部德才的重要标准，能不能遵守法律、依法办事成为考察干部的重要内容。在相同条件下，法治素养好、依法办事能力强的干部得到优先提拔使用。
		94	对特权思想严重、法治观念淡薄的干部，及时发现并进行批评教育、督促整改，问题严重或者违法违纪的干部，依法依纪受到严肃处理。创建周期内，政府领导班子成员没有因严重违法犯罪受到追究。
	2. 强化对政府工作人员的法治教育培训和考查。	95	领导干部学法制度健全，把宪法法律列入政府常务会议学习内容，列入党校（行政学院）、干部学院、社会主义学院必修课。每年领导班子至少安排4次以上法治专题学习，至少组织开展1次政府及其部门领导班子成员旁听人民法院庭审活动。

续表

一级指标	二级指标		三级指标
		96	在政府工作人员中普遍开展宪法法律教育。将法律知识培训作为公务员初任培训、任职培训的重要内容，将宪法以及与工作密切相关的法律法规纳入培训考试考核内容，将通过法律知识考试作为通过初任培训、任职培训的标准之一。
八、法治政府建设组织领导落实到位	1. 加强党对法治政府建设的领导。	97	将法治政府建设纳入地区发展总体规划和年度工作计划，党委主要负责人每年召开部署安排法治政府建设年度重点工作的专题会议不少于 1 次。
		98	市县政府每年第一季度向同级党委、人大常委会和上一级政府报告上一年度法治政府建设情况，市县政府部门每年第一季度向本级党委和政府、上一级政府有关部门报告上一年度法治政府建设情况，并通过报刊、政府网站等向社会公开。
	2. 强化考核评价和督促落实。	99	党政主要负责人切实履行推进法治建设第一责任人职责。上级党委和政府每年对下级党政主要负责人履行推进法治建设第一责任人职责情况有检查、有督促。
		100	法治建设成效作为衡量各级领导班子和领导干部实绩的重要内容，纳入政绩考核等指标体系，分值权重不低于总分值的 10%。每年对法治政府建设情况开展检查考评工作，对工作不力、问题较多的单位开展约谈整改。

续表

一级指标	二级指标		三级指标
九、附加项	1. 加分项。	1	法治政府建设有关工作获得省部级以上表彰、奖励的。
		2	在法治政府建设上积极创新、深化改革，有关做法经验在全国范围内推广的。
	2. 减分项。	1	发生严重违法行政行为，或者因行政不作为、乱作为造成恶劣社会影响的。
		2	在示范创建活动的申报材料中，故意编造、虚构有关数据、资料、文件等，或者隐瞒事实真相的。

后 记

2019年4月20日，李克强总理签署国务院令，公布了《重大行政决策程序暂行条例》。《重大行政决策程序暂行条例》的公布是我国法治政府建设乃至全面依法治国进程中的一件大事。《重大行政决策程序暂行条例》于2019年9月1日起施行，有助于进一步推进行政决策科学化、民主化、法治化，不断提升行政机关重大行政决策的质量和效率。

认真学习、深入领会《重大行政决策程序暂行条例》的基本精神和各项规定，是贯彻《重大行政决策程序暂行条例》，切实提高重大行政决策质量和效率的前提和基础。为便于各级行政机关工作人员及社会各界人士学习把握《重大行政决策程序暂行条例》基本精神和各项规定，司法部参与条例起草的同志编写了本书。

本书由司法部副部长熊选国同志担任主编，法治调研局局长、政府法制研究中心主任李明征同志担任副主编。全书由李明征（导语）、吴春平（第一章、第三章

第二节)、程浩（第二章第一节)、陶杨（第二章第二节)、汤磊（第二章第三节、第四节)、范文嘉（第三章第一节、第六章)、谭庆勇（第四章)、马志毅（第五章）共同撰写。

由于作者水平有限，本书如有不准确、不全面之处，恳请读者批评指正。

作　者

2019 年 9 月

图书在版编目（CIP）数据

重大行政决策程序暂行条例释义／熊选国主编．—北京：中国法制出版社，2019.12（2023.12 重印）
ISBN 978－7－5216－0551－8

Ⅰ.①重… Ⅱ.①熊… Ⅲ.①行政管理－管理决策－条例－法律解释－中国 Ⅳ.①D922.110.5

中国版本图书馆 CIP 数据核字（2019）第 197598 号

策划编辑：袁笋冰　　责任编辑：李璞娜　　封面设计：李　宁

重大行政决策程序暂行条例释义

ZHONGDA XINGZHENG JUECE CHENGXU ZANXING TIAOLI SHIYI

主编/熊选国
经销/新华书店
印刷/北京虎彩文化传播有限公司
开本/880 毫米×1230 毫米　32 开　　印张/10　字数/142 千
版次/2019 年 12 月第 1 版　　2023 年 12 月第 2 次印刷

中国法制出版社出版
书号 ISBN 978－7－5216－0551－8　　定价：45.00 元

北京市西城区西便门西里甲 16 号西便门办公区
邮政编码：100053　　传真：010－63141600
网址：http：//www.zgfzs.com　　**编辑部电话：010－63141670**
市场营销部电话：010－63141612　　**印务部电话：010－63141606**

（如有印装质量问题，请与本社印务部联系。）